W0362620

Kulinarische Streifzüge durch Mallorca

Margarete Bauer-Hild
Erika Casparek-Türkkan

Kulinarische Streifzüge durch Mallorca

Mit 70 Rezepten,
exklusiv fotografiert
für dieses Buch
von
Hans Joachim Döbbelin

SIGLOCH
EDITION

Zur Abbildung auf Seite 2: „Ein schönes Land ist Mallorca, denn Mallorca ist ein reicher Garten", so lautet der Refrain eines Gedichtes, mit dem Tomás Forteza 1869 das Loblied auf die Insel sang. Die fruchtbaren Terrassengärten mit Obstkulturen bestimmen das Bild der Insel. Im Februar tragen sie ihren Reichtum besonders zur Schau. Dann blühen nämlich die zahllosen Mandelbäume, während die Orangenbäume noch vollhängen mit den letzten Früchten der ausgehenden Ernte.

Rechts: Die mächtige gotische Kathedrale La Seu in der Hauptstadt Palma überragt den Hafen und die palmengesäumte Uferpromenade. Mit ihrem Bau wurde im 13. Jahrhundert unter Jaume I. begonnen. Von der Abendsonne beleuchtet, wird sie zum goldenen Wahrzeichen der Stadt.

Text: Erika Casparek-Türkkan
Rezepte: Margarete Bauer-Hild

© 1989 Sigloch Edition, Zeppelinstraße 35a, D-7118 Künzelsau
Sigloch Edition & Co., Lettenstrasse 3, CH-6343 Rotkreuz
Verlagsleitung: Hans Kalis
Nachdruck verboten. Alle Rechte vorbehalten. Printed in Germany
Redaktion und Herstellung: Ute Drechsler und Günther Schmidt, Sigloch Edition, Künzelsau
Reproduktion: Eder Repros, Ostfildern
Satz: Setzerei Lihs, Ludwigsburg
Druck: Erasmusdruck, Mainz
Papier: 135 g/qm BVS der Papierfabrik Scheufelen, Lenningen
Bindearbeiten: Sigloch Buchbinderei, Künzelsau
ISBN 3-89393-046-9

Erstes Rendezvous mit Mallorca

Ich muß gestehen, lange Zeit sträubte ich mich, Mallorca als Ferienziel überhaupt in Erwägung zu ziehen. Visionen von Betonklötzen und Massenstränden erschienen vor meinem inneren Auge, wenn ich die preiswerten Angebote der Reiseveranstalter in den Zeitungen überflog. Bis mich eines Tages mein Beruf, aber auch pure Neugierde auf die Insel führten, ein Ausflug, der alle Vorurteile über den Haufen warf.

Es war November. Im Geiste noch fröstelnd, wenn ich mich an den Schneematsch auf deutschen Straßen zurückerinnerte, umfächelte mich nach knapp zwei Stunden Flug auf der Insel samtweiche Luft. Rosen und Oleander, Palmen und Windmühlen registrierte ich auf der Fahrt vom Flughafen in die Hauptstadt. Eine gewaltige Bergkette schob sich ins Blickfeld, die Serra de Tramuntana. Dann die Kathedrale, goldfarben, allgegenwärtig überragt sie stolz die Stadt; der prächtige Boulevard Passeig des Born, nostalgische Pferdedroschken, respektable Stadthäuser – Palma begeisterte mich, je tiefer ich in die Altstadtgassen vordrang, je öfter mein Blick vom holprigen Pflaster zu Jugendstilfassaden, kleinen Balko-

nen, Fenstern mit Wäscheleinen und Geranientöpfchen hochwanderte oder sich verstohlen Zugang in Innenhöfe mit Arkaden und Palmen verschaffte.

Fast alle drei Minuten landet oder startet in der Hochsaison auf dieser Insel im Mittelmeer – sie ist etwa eineinhalbmal so groß wie das Saarland – ein Flugzeug. Über vier Millionen Touristen jährlich suchen hier Sonne und Ferienspaß, hauptsächlich in den Hotelhochburgen an der Küste. Solange sich diese Armada dort konzentriert, läßt sie sich verkraften, und es bleibt genug Platz für alle, die auf eigene Faust die Insel erkunden wollen.

Im Schatten des Massentourismus entwikkelte sich leise eine Parallelbewegung. Individualisten und Besucher mit Spürnasen für Schönes und Ungewöhnliches finden ihre Domizile und Oasen in Freiräumen an der Küste und in Orten im Inselinneren. Nur wenige Kilometer hinter dem Betongürtel kommt wie unter der Schale einer Orange die süße, saftige Frucht, das ursprüngliche Mallorca, zum Vorschein: eine grandiose Bergwelt, verstreute Marktflecken im bäuerlichen Hinterland, zauberhafte Bergdörfer wie Deià und Orient, wo sich Bruchsteinhäuser aneinanderkuscheln und kein Beton das Auge stört. Seit den zwanziger Jahren lassen sich Aussteiger, Maler und Literaten davon gefangennehmen. So entstanden hier Künstlerkolonien wie bei uns Worpswede. Nur selten verirren sich Pauschaltouristen in ihre stillen Gäßchen.

Und die Mallorquiner selbst? Mit südländischer Gelassenheit sehen sie ihre Gäste kommen und gehen. Viele, die im Rausch des beginnenden Tourismus mit Landverkäufen das schnelle Geld machten und ihre *finques*, ihre Bauernhöfe, verließen, kehrten wieder dorthin zurück, weil sie inzwischen deren wahren Wert erkannten. Mehr und mehr verfallene Windmühlen werden restauriert und erzeugen nun wieder kostenlos Energie.

Seit Francos Tod dürfen die Inselbewohner ihre komplizierte Sprache, das mit dem Katalanischen verwandte Mallorquí, wieder pflegen, sich zu ihren Bräuchen, Festen, Eigenarten, zu ihrer Geschichte und auch zu ihrer Küche bekennen. So finden sich auf den Speisekarten mallorquinischer Restaurants neben den spanischen Bezeichnungen die Namen der Gerichte in Mallorquí und wurden daher auch in dieses Buch übernommen.

Den großen Hotels den Rücken kehren, in das Gewimmel der Altstadtgassen Palmas vordringen, die fruchtbaren Terrassen an der Küste von Banyalbufar entlangfahren, einen abgelegenen Klosterberg hinaufwandern oder in die wilde Schlucht von Sa Calobra hinuntersteigen – das sind nur einige Tips, dem ursprünglichen Mallorca näher zu kommen. Ein Urlaub alleine reicht dazu kaum aus.

Begibt man sich allerdings an einem Sonntag auf Entdeckungsreise, dann steht man – wie bei uns – bald im Stau. Denn sonntags strömen die Mallorquiner aus ihrer Hauptstadt und fahren hinaus in die Natur zum Picknick und *barbacoa*, das sich niemand – trotz Hochsaison – nehmen läßt. Man sieht sie in den Waldschneisen und auf kleinen Plateaus im Gebirge brutzeln und schmausen. Vielleicht wird man zu einem Glas Wein oder zum Mitessen eingeladen. Es war noch nie der schlechteste Weg, ein Land, eine Insel über die Küche kennenzulernen. Dazu möchte auch dieses Buch beitragen.

Das verträumte Bergdorf Fornalutx, am Fuß des Puig Major an der Westküste gelegen, hat seinen ursprünglichen Charakter bewahrt. Bei einem Spaziergang durch seine ansteigenden, winkeligen Gäßchen wird der Besucher durch herrliche Ausblicke über blühende Gärten, auf Zitronen- und Olivenhaine belohnt.

Nach jeder Besetzung wuchs der Speisezettel

Illa de la Calma – vor etwa siebentausend Jahren, als die ersten Besucher hier eintrafen, war sie noch ganz eine Insel der Stille. Einladend, wie ein großes, kuscheliges Nest liegt Mallorca verlockend im Dreieck zwischen Frankreich, Spanien und der nordafrikanischen Küste, genau im Blickpunkt von beute-, abenteuer- und landsuchenden Eroberern. Da konnte sie nicht lange unbemerkt bleiben.

Geographisch gesehen bietet diese 3640 Quadratkilometer große Insel im westlichen Mittelmeer zum Ansiedeln die günstigsten Voraussetzungen: Die grandiose Bergkette La Muntanya im Nordwesten, die mit dem Puig Major fast 1500 Meter erreicht, schirmt die fruchtbare, weite, wellige Ebene Es Pla vor dem kalten Nordwind, dem Tramuntana, ab. Dieser Barriere verdankt die Insel auch ihr berühmt mildes Klima. Im Südosten – ebenfalls parallel zur Küste – verläuft die schützende Hügelkette der Serra de Llevant mit dem 561 Meter hohen Puig de Son Morei als höchstem Punkt.

Höhlen mit Feuerstellen und Fenstern, Knochenfunde und gigantische Steine hinterließen die ersten Bewohner als Zeugen ihrer Gegenwart Ende der Steinzeit. Sturmzerzaust, durchnäßt und ausgemergelt waren sie in ihren primitiven Holzbooten oder -flößen an der steilen Nordküste gestrandet. Ausgangspunkt dieser tollkühnen Expedition sollen der Golf von Lyon oder auch die östlichen Küsten des Mittelmeeres gewesen sein, von denen sie sich auf die Suche nach neuen Jagdgründen aufgemacht hatten. Welch ein Glück für sie, auf Mallorca zu treffen. Denn die Knochenfunde beweisen, daß sie hier den Tisch reichlich gedeckt fanden. Archäologen, die viele

Am Kap Formentor, der Nordspitze Mallorcas, läßt die zerklüftete Steilküste die Insel wie eine uneinnehmbare Festung wirken.

tausend Jahre später ihre Küchenreste untersuchten, fanden Knochen von Hase, Ziege und Schwein.

Zu den Überbleibseln gehören auch die Reste einer kleinen Gemse, die später den Wissenschaftlern Rätsel aufgab. Sie fanden für sie den Namen *Myotragus balearicus,* balearischer Mausbock. Der arglose Grünzeugnager etwa in Hasengröße muß ein Lieblingsbraten der ersten Mallorquiner gewesen sein, ließ er sich doch kinderleicht fangen. Da ihm bis zum Erscheinen der neuen Bewohner keine Feinde begegnet waren, hatte er nie gelernt, sich zu wehren. Seine baldige Ausrottung war die Folge. Im Gegensatz zum bayerischen Wolpertinger kann dieses fabelartige Tier jedoch im Museum seine historische Existenz beweisen.

Sein trauriges Schicksal besiegelten die Mallorquiner wahrscheinlich mit der Erfindung, zumindest aber mit der Perfektionierung ihrer wichtigsten Jagd- und Kriegswaffe, der Steinschleuder. Sie gingen mit der langen Schlinge, an der ein Lederplättchen mit einem Kieselstein befestigt war, so zielsicher und tödlich genau um, daß sich der Ruf ihrer Treffsicherheit in der gesamten damaligen Welt verbreitete. Ihr verdankt die Inselgruppe der Balearen auch ihren Namen: *ballein* heißt im Griechischen werfen, schleudern. Die Bewohner, genannt *Baliares,* wurden in vielen Erobererheeren eingesetzt. 146 v. Chr. fiel Karthago durch die Mithilfe balearischer Söldner.

Neben den vielen Schlupflöchern entlang der Steilküste – später kamen sie den mallorquinischen Piraten sehr zustatten – bewohnten die Ureinwohner auch weiträumige Höhlensysteme wie zum Beispiel die von La Muleta bei Sóller, von Artà, Drac, Hams, Gènova und Campanet.

Der Mensch des Bronzezeitalters mochte sich im Bewußtsein seiner Stärke und Geschicklichkeit nicht mehr in Höhlen verkriechen. Er baute Häuser aus Steinquadern und Begräbnisstätten in Form kieloben liegender Schiffe, die *navetes.* Runde, ovale oder quadratische Türme, die *talaiots,* ohne Mörtel aus behauenen Felsbrocken zusammengefügt, dienten als Wachtürme oder Gemeinschaftsgräber, aber auch als Opferaltäre. Gewaltige Mauern mit tonnenschweren Steinquadern umgaben die Ortschaften.

Die Männer sorgten – nicht nur mit der Steinschleuder – für volle Töpfe, sie züchteten Rinder, Schafe, Ziegen und Schweine. Die Hausfrauen freundeten sich mit Getreide an und fütterten damit auch schon die Hühner. Der Hund wurde zum Haustier. Reste dieses gehobenen Lebensstils sind heute Scherben von Keramikgefäßen, die auf eine Tischkultur schließen lassen. Ruinen von Ortschaften aus der Bronzezeit kann man bei Artà in Ses Païsses und in Capocorb Vell besuchen.

Diese frühen Bewohner Mallorcas blieben nicht lange unter sich, tummelten sich doch auf den vielbefahrenen Mittelmeerrouten auch schon Griechen, Phönizier und Karthager auf der Suche nach neuen Anker-, Handels- und Beuteplätzen. Auf Mallorca blieben sie jedoch nie lange, die Insel schien ihnen zu unwirtlich. So mokierte sich ein griechischer Chronist süffisant über die Einheimischen und verbreitete, sie seien schamlos, unzüchtig, betrunken und furchtlos. Außerdem liefen sie nackt herum. Nun, das Altertum hat die Insel wieder eingeholt, nur verhält es sich jetzt umgekehrt: Heute sind die Fremden am Strand die Nackten.

Die Phönizier hinterließen bei ihrem Blitzbesuch auf der Insel kleine, seltsame Tonpfeifen in Form von Reiterfiguren. Diese liebenswürdigen Gestalten, die Siurells, aus weiß, grün und rot bemaltem Ton findet man heute in allen Souvenirläden der Insel. Joan Miró, der berühmteste Maler Mallorcas, ließ sich gerne von ihnen inspirieren.

Das Leben und damit auch die Küche der Mallorquiner änderte sich abrupt mit der Eroberung der Insel durch die Römer. Die im Mittelmeerraum berühmt-berüchtigten Mallorquiner gingen mit ihnen zuerst lose Verträge ein, die sie allerdings gerne zu ihrem eigenen Vorteil auslegten, frönten dabei aber weiterhin ihrem Hobby, reiche römische

Bei der bronzezeitlichen Talaiotsiedlung Capocorb Vell erkennt man Reste von Megalithtürmen und Bauten mit quadratischem Grundriß.

Handels- und sogar Kriegsschiffe zu kapern. 123 v. Chr. wurde Quintus Cäcilius Metellus vom römischen Senat mit einer beachtlichen Kriegsflotte in Richtung Balearen entsandt und konnte sich trotz heftiger Steinhagel Zutritt auf Mallorca verschaffen. Damals erhielt die Insel auch ihren Namen: *Balearis Maior* oder *Maiorica.* Perfekt im Besiedeln, im Gründen von Städten, Einrichten von Verwaltungszentren und Bauen von Verkehrswegen, veränderten die Römer die Insel schnell mit ihren luftigen, geschmackvollen Landhäusern, Villen und Stadtwohnungen und setzten damit der Talaiot-Kultur ein Ende. Damals entstand auch die Stadt Palma, benannt nach *palmaria,* der Siegespalme.

Mit den neuen Eßgewohnheiten der Eroberer und der raffinierten Römerküche erhielt auch die Landwirtschaft neue Impulse, Olivenbäume und Rebstöcke begannen ihren Siegeszug. Zu den neuen Tafelfreuden gehörte natürlich auch entsprechendes Geschirr. Importe aus dem römischen Mutterland regten zu neuen Formen an. So entstanden auf Mal-

Die Mauren verwandelten die Steinhänge Mallorcas in fruchtbare Terrassengärten. Bei Banyalbufar – der arabische Name bedeutet „kleiner Weingarten am Meer" – werden heute Frühgemüse und Tomaten angebaut (links). Für Mallorca typisch sind die Windräder (oben), ebenfalls ein Erbe der Mauren, die Wasser für die Felder in Sammelbecken pumpen. In Palma und anderen Orten der Insel legte die geschickte Hand arabischer Gärtner kühle Parkanlagen mit kunstvollen Wasserspielen an (rechts).

lorca in rascher Folge viele Manufakturen. Schüsseln und bauchige Gefäße, Amphoren und Krüge, Becher und Teller gab es bald in allen möglichen Größen und Formen.

Was aus den Töpfen der Römer auf Mallorca zurückblieb, läßt sich nur vermuten. Sicher übernahmen die Inselbewohner nicht das Schlechteste in ihr Küchenrepertoire. Bevor die Insel die Besatzung wechselte, halfen die Römer noch, einer Landplage Herr zu werden: Mallorcas wilde Kaninchen reproduzierten sich mit einer solchen Geschwindigkeit, daß sie die Felder leerzufressen drohten. Kaiser Augustus schickte auf die Hilferufe hin Soldaten, die mit den Langohren so gründlich aufräumten, daß den heutigen Waidmännern kaum noch Wild vor die Flinte läuft.

Die Vandalen landeten 425 n. Chr. auf Mallorca, und sie müssen ihrem Namen alle Ehre gemacht haben. Als 533 Belisar, der Feldherr des oströmischen Kaisers, die Vandalen wieder vertrieb, wurde die Insel dem byzantinischen Reich angegliedert. Doch auch wenn Byzanz weit entfernt am Bosporus lag, gelangten schon mallorquinische Schiffe dorthin, die ihre Handelsbeziehungen bis zum Schwarzen Meer ausdehnten. Mit der Eroberung durch die Araber im Jahre 902 n. Chr. begann ein wahrhaft goldenes Küchenzeitalter. Die steinigen Karsthänge der Westküste verwandelten sie durch ihre scharfsinnig erdachten Bewässerungssysteme in blühende Gärten. Noch heute sind die damals angelegten Terrassen bei Estellencs und Banyalbufar zu bewundern. Angelegt wurden Aprikosen- und Pfirsichgärten und vor allem auch die Mandelbaumkulturen, der Weinbau wurde weiter ausgebaut. Die Araber führten auch die Wahrzeichen Mallorcas, die Windmühlen, ein. Handwerk, Industrie und Kunsthandwerk blühten.

Prächtige Gärten und einfache Landhäuser, prunkvolle Villen und Parkanlagen mit raffinierten Wasserspielen und Teichen – sie alle machten aus Mallorca ein orientalisches Paradies. Die arabischen Gärten von Raixa und Alfàbia zeugen noch heute davon. Alcúdia wurde der arabische Regierungssitz, und die Stadt Palma hieß nun für fast fünfhundert Jahre Medina Mayurca. Bei so vielen Einflüssen nimmt es nicht wunder, daß die Araber den nachhaltigsten Eindruck auf dem mallorquinischen Küchenzettel hinterließen. Mit ihnen kamen alle Genüsse des Orients auf das Eiland, deren Duft sich nicht nur in den Backstuben bis heute erhalten hat. Viel stärker als auf dem spanischen Festland, wo sie ja ebenfalls als Invasoren auftraten, beeinflußten die Araber die mallorquinische Eßkultur. Über die Unterschiede, die sich auf der Insel im Vergleich zum Festland entwickelt haben, sind Touristen immer wieder erstaunt.

Der Widerstand gegen die arabischen Herren ging vom spanischen Festland aus. König Jaume I. von Katalonien besiegte 1229 die Ungläubigen und ritt am 31. Dezember siegreich in Palma ein. Schon ein Jahr später, 1230, wurde auf den Grundmauern der ehemaligen Moschee mit dem Bau der imposanten Kathedrale begonnen. Für das junge Königreich Mallorca folgten hundertzwanzig Jahre Ruhe und friedliches Zusammenleben von Städtern und Bauern, Christen und Juden. Der Handel florierte, Kunst und Kultur blühten. In diese schöne Idylle brach die Pest ein, dreimal wütete sie auf der Insel und dezimierte die Bevölkerung um ein Drittel. So war es für den König von Aragon ein leichtes, das geschwächte, aber reiche Eiland, auf das er schon längst ein Auge geworfen hatte, zu erobern. Mallorcas schöne Zeiten waren damit erst einmal vorbei. Wechselnde Herren schöpften den Rahm ab und ließen die Insel durch unmäßige Steuerforderungen ausbluten. Piraten überfielen die Insel, die Dörfer in Küstennähe wurden aus Angst vor ihnen verlassen, die Felder nicht mehr bestellt. Erst 1830, mit der Kolonisierung Algeriens durch die Franzosen, trat im Mittelmeer Ruhe ein, und der Seehandel erholte sich langsam.

Neue Besucher sagten sich bereits an, doch kamen sie in friedlicher Absicht: die ersten Touristen. So auch ein Paar, das im November 1838 in Palma eintraf und die Mallorqui-

Auf einer steilen Felsklippe oberhalb von Banyalbufar im Südwesten der Insel steht der Mirador de ses Animes. Er ist der bekannteste und wohl der schönste einer Kette von Wachttürmen, die im ausgehenden Mittelalter zum Schutz der Bevölkerung entlang der Küste errichtet wurden. Heute dient er den Touristen als Aussichtspunkt, von dem man die Küste weit überblickt.

Diese hübschen weißen Tonfiguren, mit roten und grünen Strichen bemalt, stammen von den Hirtenpfeifen der Phönizier ab. Heute findet man sie in allen Andenkenläden der Insel.

ner schockierte: George Sand und Frédéric Chopin. Er schmächtig und blaß, sie eine selbstbewußte Frau in Herrenkleidern mit Pfeife oder Zigarre, der von Paris aus der Ruf einer unmoralischen Frau vorangeeilt war. Am liebsten hätte man sie gleich wieder abreisen sehen. Statt dessen quartierten sie sich in der Kartause von Valldemossa ein und verlebten fröstelnd den Winter auf Mallorca, in dem Chopin sein „Regentropfen-Prélude" schrieb. An den Mallorquinern rächte sich die erfolgreiche Schriftstellerin in ihren Tagebuchaufzeichnungen mit vielen kuriosen Details.

Weitaus willkommener war der habsburgische Erzherzog Ludwig Salvator, der um 1860 mit einer Jacht inkognito die Insel anlief und sich begeistert dort niederließ. Er kann als der erste Naturschützer Mallorcas angesehen werden. Sein fünfbändiges Werk über die Inselwelt der Balearen wurde auf der Weltausstellung 1899 in Paris mit einer Goldmedaille ausgezeichnet. Um die Jahrhundertwende erschienen die Touristen erstmals in größerer Zahl: Pensionäre, Künstler, Bohemiens, später, in der Zeit des Dritten Reiches, prominente Literaten und Maler, die in diesem sonnigen Exil bessere Zeiten abwarteten, manche blieben für immer.

Schwarze Schweine und süße Feigen

Schweine wälzen sich seit siebentausend Jahren durch Mallorcas Küchengeschichte. Knochenfunde beweisen, daß bereits die Höhlenbewohner leckere Schinken-, Rippen- und Kotelettstücke über dem Feuer brieten – wahrscheinlich auf lange Stöcke gesteckt, wie es noch heute bei Grillfesten und Picknicks mit Würstchen üblich ist. Die Römer, Meister der Kochkunst, die das Schwein auf viele raffinierte Arten zuzubereiten wußten, brachten nach ihrer Besetzung die Mallorquiner erst richtig auf den Geschmack, stellten sie doch auch schon vorzügliche Würste her, die unter anderem mit Kräutern, Pfeffer und Pinienkernen gewürzt wurden, Zutaten, die auch zur weißen *botifarró,* einer auf der Insel beheimateten Wurstsorte, gehören.

Zu Anfang des 1. Jahrhunderts n. Chr. schrieb der römische Feinschmecker Apicius eines der ersten Kochbücher, das überliefert wurde. Darin findet sich auch das Rezept für einen Schweinebraten mit knuspriger Honigkruste oder mit Feigen gefüllt, wie es ähnlich noch heute auf Mallorca zubereitet wird. Schon damals waren Oregano, Liebstöckel, Minze, Sellerie sowie Petersilie beliebte Würzmittel; Zucchini, Karotten, Lauch und vor allem der Kohl geschätzte Gemüsesorten. Gerade der Kohl ist immer noch ein Hauptbestandteil vieler mallorquinischer Gerichte wie bei *llom amb col, anfós amb col* oder der *sopes mallorquines* (Schweinerücken, Heilbutt mit Kohl oder Kohleintopf).

Als die Mauren und mit ihnen der Islam auf der Insel einzogen, verdrängten Rinder, Kälber und Schafe als Favoriten der neuen Herren die grunzenden Schinkenlieferanten von ihren Rangplätzen. Seit der Reconquista, der Rückeroberung der Insel durch die christlichen Heere von Jaume I. im Jahr 1229, steht das Borstenvieh wieder an erster Stelle in der mallorquinischen Küche und behauptet dank seines Wohlgeschmacks weit über die Insel hinaus großen Ruhm.

Die Schmackhaftigkeit der mallorquinischen Schweine hat ihren Grund nicht allein in der besonderen Rasse, der borstenlosen schwarzen Schweine *(porcella negra),* sondern auch in der guten Kost, die ihnen die Bauern servieren: Eicheln und Johannisbrot, Kaktusfeigen und die Früchte des Feigenbaumes. Feigenbäume wachsen auf Mallorca im Überfluß und konkurrieren zahlenmäßig mit den Mandel- und Olivenbäumen. Ihre Beliebtheit läßt sich im Balearen-Werk des Erzherzogs Ludwig Salvator nachlesen: „Man ißt sie frisch zur Ernte, man trocknet sie in großen Mengen, um sie teils auf der Insel zu verbrauchen, teils auch nach dem Ausland zu versenden und bedient sich ihrer auch zum Mästen der Schweine, die außerordentlich fett dabei werden, wodurch sie eine Haupteinnahmequelle der Insel bilden."

Bis heute teilen die Mallorquiner den Feigensegen mit ihren Haustieren. Die Stadtbewohner bevorzugen die Früchte während der Saison als Dessert oder in der Frühe zu einer Tasse heißer Schokolade. Für die Arbeiter und ärmeren Klassen waren sie früher, auch weil sie spottbillig waren, ein Hauptnahrungsmittel. An die Schweine verfütterte man zuerst das Fallobst, später auch die guten Feigen, „somit werden sie während zwei oder drei Monaten mit Feigen, Figas de crista (Feigen der Christen) und Figas de moro (Maurenfeigen von Kakteen) ernährt", schreibt der Erzherzog. Eine Kuriosität am Rande: Auch die Araber unterscheiden zwischen Christen- und Maurenfeigen, halten es jedoch genau umgekehrt. Für sie wachsen die Maurenfeigen an den gleichen Bäumen, von denen die Mallorquiner ihre *figues de cristià* ernten. Begehrte Exportartikel waren nicht nur die getrockneten Feigen, sondern auch die Feigenbrote, *pans de figues,* konisch geformte Laibe aus getrockneten, zerquetschten und gepreßten Feigen, die mit Mandelblättchen belegt, in Palmblättern zusammengebunden und mit

bunten Papierstreifchen verziert sind. Die Pans de figues sind heute beliebte Mitbringsel der Feriengäste. Vor allem die Nonnen der Caritat von Pollença wissen sie vorzüglich herzustellen.

George Sand und Frédéric Chopin waren den mallorquinischen Haustieren übrigens nicht besonders wohlgesonnen, so empört sich George Sand in ihrem Inselbericht: „O ihr schönen Hesperidengärten, die ihr von diesen schmutzigen Gästen heimgesucht werdet, worauf die Mallorquiner stolzer und eifersüchtiger sind als auf eure duftenden Blumen und Früchte." Allerdings verdankten sie es gerade den „schmutzigen Gästen", daß sie die Insel recht bequem besuchen konnten. Kurz vor ihrer Reise hoben die Spanier ein Embargo auf, das aus handelspolitischen Interessen die Schweineausfuhr eingeschränkt hatte. Nun erwarben die Mallorquiner einen Dampfer, der in einigen Stunden Post und Besucher zwischen Barcelona und Mallorca hin und her beförderte. Den größten Platz nahmen dabei die grunzenden Passagiere ein, von denen etwa zweihundert Stück pro Woche aufs Festland verladen wurden.

Seit den Zeiten dieser prominenten Inselbesucher stieg die Zahl der Touristen um Millionen. Daher wandert längst ein großer Teil der nahrhaften Haustiere, die immer noch von hervorragender Qualität, jedoch selten nur schwarz sind, in die Hotelküchen, ein Teil aber auch in die Vorratskammern der Mallorquiner. Typische Exemplare der Porcella negra suhlen sich noch unter den Bäumen auf dem Landgut Sa Granja oder auf den Weiden des Dorfes Ariany.

Erhalten hat sich die Tradition der Schlachtfeste, der *matances* (zu deutsch: Blutbad). Nach altem Brauch fällt das Schlachtfest auf ein Wochenende, weil dann die ganze Familie und auch Freunde mit zupacken können.

Unweit von Sóller liegt, umgeben von Obstgärten, die Kartause von Valldemossa. Von diesem Bergdorf schwärmte George Sand: „Es ist der schönste Ort, den ich je bewohnt habe."

Im Landesinneren lebt man noch ganz von der Landwirtschaft. Nach einem Aprilregen führt ein Hirte seine Ziegen auf die saftige Weide bei Llucmajor.

Große Tische mit Tellern voller Gewürze sowie der große Topf, die *caldera,* zum Fleisch- und Wurstsieden stehen bereit. Der Morgen ist ausgefüllt mit Vorbereitungen, mit Schneiden, Hacken und Pökeln. Den Frauen fällt die Hauptarbeit zu: das Vorbereiten, Füllen und Vernähen der köstlichen Würste – der *sobrassada* aus Mett mit viel rotem Paprika, der deftigen *botifarró,* einer Blutwurst mit Speckstückchen und Innereien, und der langen, dünnen *llangonisses,* die gegrillt besonders gut schmecken. Nach und nach füllen sich auch wieder die Schmalztöpfe für ein langes Küchenjahr. Zum Schluß lassen sich alle den *arròs brut,* ein Reisgericht mit verschiedenen Fleischstückchen, Gemüsen und Blutwurst, oder eine *sopes de matances,* eine gehaltvolle Schlachtsuppe mit Brot und Wein, schmekken. Typisch ist aber auch ein *frit* mit Innereien vom Schwein. Statt Saubohnen und Fenchelkraut wie beim Frit mit Lamminnereien werden hier Erbsen und rote Paprikaschoten zugefügt, zum Schluß gehackter Knoblauch und Petersilie darübergestreut.

Olivenbäume, fruchtbar seit über tausend Jahren

In ländlichen Lokalen kommen die kleinen, ovalen, graugrünen Oliven in braunen Tonschälchen, eingelegt zwischen Fenchelkraut und Zitronenscheiben, als Begrüßung auf den Tisch *per a picar* (zum Naschen), begleitet von einem bauchigen Krug voll rotem Landwein. Nicht selten steht daneben auch *pa amb oli*, geröstetes Landbrot, mit Olivenöl beträufelt und mit Tomaten belegt. So frugal diese Mahlzeit erscheinen mag, so euphorisch wußte sie Ende des letzten Jahrhunderts auch der österreichische Erzherzog Ludwig Salvator, der lebenslänglich in die Insel vernarrte Aussteiger, zu loben: „Ich finde, es gibt auf der Welt nichts Delikateres als diese seltsame Mischung aus duftendem Öl und knusprigem Brot – ein Geschmack, so alt wie das Mittelmeer."

Als die Römer die Insel erobert hatten, mußten sie viele Speisen und Getränke, die ihnen daheim lieb und teuer waren, im Troß mitführen. Unverzichtbar war für sie vor allem das Öl aus Oliven, das für jedes Gericht benötigt wurde. Auf der ganzen Insel gab es jedoch keinen einzigen Baum, der diese begehrten Früchte trug.

Also pflanzten sie Setzlinge. Viele der knorrigen Ölbaum-Veteranen, die an der Straße nach Sóller oder auf kleinen Plateaus an der gebirgigen Nordküste wachsen, sollen von den alten Römern stammen, behaupten jedenfalls die Insulaner. Das mag man für Legende halten. Doch beim Anblick dieser an bizarre Fabelwesen erinnernden, vielfach verschlungenen Stämme, an denen zwischen immergrünen Blättern auch heute noch Früchte reifen, kann man getrost davon ausgehen, daß ein gutes Jahrtausend Geschichte in ihre Rinden geritzt ist.

In ihrer wuchtigen Pracht erinnern diese Bäume kaum an die gezähmten Olivenplantagen Andalusiens, sind sie doch auch nur halb so kultiviert wie ihre Vettern auf dem Festland. Um ihre Widerstandsfähigkeit gegen die rauhen Nordwinde und ihre Genügsamkeit wegen des karstigen, wasserarmen Bodens im Gebirge zu stärken, pfropften die Bauern früher kultivierte Reiser auf die Wurzeln der wilden Olivenbäume. Sie bringen Früchte hervor, wie man sie sonst kaum im Mittelmeerraum findet: kleine, leicht bittere Oliven mit einem würzig-nussigen Geschmack. Im November/Dezember werden sie von Hand gepflückt. Breite, sich nach oben verjüngende Leitern stehen dann an den Bäumen. Vor allem sonntags sieht man dieses Bild, denn viele Mallorquiner führen ihre Landwirtschaft nur noch als Hobby und gehen während der Woche einer einträglicheren Beschäftigung, vielleicht im Tourismusgewerbe, nach.

Zu Hause kommen die noch grünen, halbreifen Früchte zunächst ein Jahr lang in eine Salzlake, die mit Essig, Fenchel, Lorbeerblättern, Zitronenscheiben oder -blättern sowie scharfen Pimentos (Chilischoten) angereichert ist. So verlieren sie ihre Bitterstoffe und gewinnen Würze. Wird einer Hausfrau diese Prozedur zu langwierig, bringt sie die Früchte mit einem Holzklopfer zum Platzen und legt diese gebrochenen Oliven ein. Das hat einen großen Vorteil: spätestens nach sechs Monaten sind sie genießbar.

Den schwarzen, reifen Oliven fügt man beim Einlegen noch gerne Knoblauch hinzu. Sie sind milder als ihre grünen Artgenossen und schon nach einem Vierteljahr zum Verzehr geeignet.

Das Olivenöl spielt im mallorquinischen Haushalt nicht die dominierende Rolle wie in Italien, Südfrankreich oder auch auf dem spanischen Festland. Es hat auf der Insel einen nicht zu unterschätzenden Konkurrenten: das Schweineschmalz, das in der Regel zum Braten und Backen pur oder mit Öl gemischt ver-

Im trockenen Klima des Mittelmeerraumes wachsen die Olivenbäume auf kargen Steinböden (rechts). Genügsame Schafe weiden unter diesen über tausend Jahre alten Ölbäumen – ein Bild voll Schönheit und Frieden. Für die Bauern jedoch bedeutet der Olivenanbau harte Arbeit. Für ein gutes Öl müssen die Früchte (oben) kurz vor der Reife mühsam von Hand gepflückt werden.

wendet wird. Auch dürfte in früheren Zeiten Mallorcas Öl nichts für Feinschmeckerzungen gewesen sein. So beklagt sich George Sand in ihrem Buch „Ein Winter auf Mallorca" bitterlich über die Qualität des Olivenöls. Dabei lobt sie den unermeßlichen Ertrag der Bäume, „gewiß die schönsten, die man finden kann und welche die Mallorquiner vollkommen gut zu ziehen verstehen. Leider wissen sie nichts anderes damit anzufangen, als ein ranziges schmieriges Öl daraus zu bereiten."

Eine plausible Erklärung für solch schlechte Qualität findet sich in den Aufzeichnungen des Erzherzogs Ludwig Salvator, der etwas später in seinem mehrbändigen Werk über die Flora und Fauna der Insel und die Lebensgewohnheiten der Mallorquiner auch die Ölgewinnung genau beschreibt: „Zur Ölbereitung hat man auf Mallorca eigene Fabriken, Tafonas, welche, wenn auch nur in einer sehr primitiven Weise, alles Nöthige für die Gewinnung dieses für die Insel so wichtigen Products enthalten. Es gibt auch solche, die für viele kleine Besitzer arbeiten. Die Tafonas sind meist ziemlich große Räume mit Vorrathskammern, den Greners, in die die allmählich eingesammelten Oliven eingeschüttet werden. Wie begreiflich, müssen darunter die so aufgehäuften Oliven leiden, und die Qualität des Öls verschlechtert sich dementsprechend. Namentlich bei kleinen Besitzungen, wo die Oliven, da man nur selten Öl preßt, so lange liegen müssen, bis man eine genügende Menge eingesammelt hat."

Auf den größeren Höfen hingegen dürfte die Ölqualität deutlich besser gewesen sein, denn der Erzherzog merkt an: „Bei den Besitzungen dagegen, die täglich Öl pressen, werden die Oliven schneller verbraucht und haben daher nur kurze Zeit zu liegen." Mit einem *trull,* dem Quetschstein, wurden die Früchte zuerst gemahlen. Dieser Stein war an einem Balken befestigt, und ein darangeschirrtes Maultier mußte durch endlose Runden dieses harte Werk vollbringen. Solche Trull findet man heute häufig in Landgasthausern, die sich in ehemaligen Ölmühlen einquartiert haben und ihr rustikales Mobiliar malerisch um den riesigen Stein plazieren wie im Ca'n Costa (das Haus von Costa) kurz vor Valldemossa.

Zur Ölgewinnung wurde das gemahlene Olivenmus in flache Körbe aus hartem Spartgras gefüllt, die man auf dem Preßplatz übereinander schichtete und mit siedendem Wasser begoß. Das herausfließende Öl und Wasser sammelte sich in Kanälen im Fußboden und floß – das Öl immer obenauf – in tiefer gelegene Becken, bis zum Schluß das reine Öl abgeschöpft werden konnte. Dieses System der Ölgewinnung übernahmen die Mallorquiner von den Arabern, die es auf diese Weise noch heute praktizieren. Auf dem Landgut Sa Granja kann man die Räume und Geräte für die traditionelle Ölproduktion noch besichtigen. Heute gewinnen die Mallorquiner längst ihr Öl mit Hilfe moderner Technik. Die Qualität hat den Maßstab der Festlandsproduzenten erreicht, die wohlschmeckenden Erzeugnisse der heimischen Küchen zeugen davon. Unverändert blieb jedoch die Vorliebe für ein-

Echte Kapernsträucher (rechts) wachsen auf Mallorca wild, sie werden aber auch in den Ebenen um Alcúdia in Kulturen gepflanzt. Die grünlichbraunen Knospen, die Kapern, werden in Salzlake, Essig oder Öl konserviert. Besonders viele Feigenbäume findet man im Nordosten der Insel. Man ißt Feigen (ganz rechts) frisch oder getrocknet, häufig werden sie für Kuchen oder als Beigabe zu Fleischgerichten verwendet.

gelegte Oliven sowie für das *pa amb oli* (gesprochen: Pamboli), das auch die Besucher schätzen gelernt haben. Die Zutaten dafür hält jede mallorquinische Hausfrau stets für unverhofften Besuch zum Kredenzen des Willkommenstrunks parat. Aus ihrer Vorratskammer holt sie dann einen Strang mit gelblichen, dickschaligen und fleischigen Tomaten, *tomàtigues de s'anellet.* Aufgefädelt auf Bast, halten sie sich den ganzen Winter lang.

Die gelben Tomaten, die speziell dem Pa amb oli vorbehalten sind, werden aufgeschnitten und ihre saftigen Flächen über ein mit Olivenöl beträufeltes, geröstetes Brot, *pa torrat,* gestrichen. So oder mit Landschinken serviert, schmeckt es einfach köstlich! Intensiver und feiner im Geschmack, dafür aber auch ein wenig aufwendiger ist die Version, das präparierte Brot mit Tomatenmus zu bestreichen. Dieses wird aus 4 reifen, geschälten und kleingehackten Tomaten, 2 zerhackten Spitzpaprikaschoten und 4 zerdrückten Knoblauchzehen hergestellt und so lange eingekocht, bis der Brei sämig ist. Gesalzen wird nach Geschmack. Statt Paprika und Knoblauch gibt die Mallorquinerin auch gerne einen Eßlöffel Kapern und einen Eßlöffel im Mörser zerriebene schwarze oder grüne Oliven dazu und würzt mit Essig, Salz und Pfeffer, ehe sie das Mus auf das geölte Brot streicht – zur Nachahmung empfohlen! Die raffinierte Einfachheit solcher Mahlzeiten zählt zu den köstlichsten Geheimnissen der mallorquinischen Küche.

Schon im Februar ist Mallorca übersät von einem Blütenmeer. Dann blühen überall auf den Hängen und in den Gärten der Bauernhöfe die Mandelbäume (rechts) und verströmen einen lieblichen Frühlingsduft. Die zarten weißen Blüten (ganz oben) erscheinen vor den Blättern. Bei der Reife platzt die samtigbehaarte Faserhülle der Steinfrucht. Der Samen, die Mandel, liegt im Steinkern verschlossen (oben).

Zur Zeit der Mandelblüte beginnen die Bauern auf Mallorca mit den ersten Feldarbeiten.

Die Mandelbäume der Mauren

Bereits Ende Januar kündet auf der Insel ein riesiges Blütenmeer den nahenden Frühling an. Den ganzen Monat Februar über bestimmen die zarten weißen oder hellrosa Blüten der Mandelbäume das Bild der Landschaft, vor allem auf der großen Ebene von Es Pla mit ihren windgeschützten Tälern zwischen den Hügelketten und den sonnigen Terrassen an den Berghängen. Dieser duftende „Rauhreif", der die noch blattlosen sechs Millionen Mandelbäume überzieht, ist nicht nur der erste Frühlingsbote. Er erinnert auch in seiner überwältigenden Pracht an das Geschenk der Mauren, die vor über tausend Jahren die ersten Mandelbäume auf die Insel brachten. Die Mandel machte die Bauern reich. Ihr herrlicher Duft zieht durch alle Küchen und Bäckereien, er liegt über den Festen des Jahres und bestimmt den Alltag. So kommt zum Jahreswechsel *escaldums* auf den Tisch, ein Hühnertopf mit zerstoßenen Mandeln. Mandelsauce schmeichelt den Fischgerichten der Fastenzeit, Mandeleis und -sorbets erfrischen an hitzeflimmernden Tagen. Zu Allerheiligen lassen sich groß und klein *panellets amb pinyons,* Mandelplätzchen mit Pinienkernen, schmecken und zu Weihnachten den *indiot de Nadal,* den Weihnachtstruthahn, der oftmals reichlich mit Marzipan gefüllt ist. Zu dieser Zeit machen sich in traditionsbewußten Familien auch heute noch die Frauen an die langwierige Zubereitung der Mandelmilch, die zu Kuchen gereicht wird. Auf der Kirmes im Städtchen Santa Maria del Camí Ende April kann man die *llet d'ametlla* aber auch auf eine bequeme Art probieren. Den Mandelkuchen, *gató,* läßt man sich das ganze Jahr über als leckeres Dessert munden.

Doch von der Küche zurück zu den Bäumen. Sie blühen, bis ein kräftiger Mistral die Blütenpracht verweht und die rote Erde Mallorcas mit zartem Schnee bedeckt. Im Spätsommer legen die Bauern die seit alters her grünen Netze unter den Zweigen aus und schlagen die locker sitzenden Früchte mit Stöcken ab. Große Nußknackermaschinen trennen die Schalen von den Kernen, die je nach Art und Qualität in die Bäckereien oder eigenen Küchen, in die Marzipan- oder Nougatfabriken wandern oder, wie die Bittermandeln, in die Arznei- und Parfümherstellung. Bittermandeln stammen übrigens von jungen unveredelten Bäumen. Ihr Öl enthält die giftige Blausäure, und der Genuß von wenigen Kernen kann bereits tödlich sein. Die veredelten Bäume tragen Süßmandeln, ihre Kerne haben eine harte Schale im Gegensatz zu den Krach- oder Knackmandeln, die sich relativ leicht aus ihrer Umhüllung lösen lassen. Sie werden vor allem in der Süßwarenindustrie verwendet.

Ihre große Bedeutung in der Exportstatistik erhielt die Mandel für Mallorca erst Ende des letzten Jahrhunderts, gerade als mit der Verseuchung durch die Reblaus der Weinhandel, bisher die Haupterwerbsquelle der Insel, innerhalb kurzer Zeit zum Erliegen kam.

Die Mandelschalen, die sich nach der Ernte zu riesigen Haufen türmen, bringen den Insulanern an naßkalten Herbst- und Wintertagen Wärme. Wer sich zu dieser Jahreszeit in die stillen Dorfstraßen hinter die Hotelriegel der Küste verirrt, kann auch heute noch am frühen Abend Frauen mit langstieligen Messingpfannen aus den Häusern treten sehen. Aus ihrem durchlöcherten Deckel kräuselt sich Rauch, denn in der Pfanne schwelen Mandelschalen. Geduldig warten nun die Frauen, bis der Luftzug das Häuflein zu roter Glut entfacht hat, und sie helfen auch schon einmal mit einem Palmwedel ein wenig nach. Danach wird die Pfanne, der *braser,* in einen Ring unter dem Tisch geschoben, dessen samtdicke Decke bis zum Boden reicht und die wohlige Wärme für alle Familienmitglieder speichert.

Die kleinen Dorfbars besitzen noch primitive Eisenöfchen, mit der Glut von Mandelschalen beheizt, an denen sich die Gäste die Hände wärmen können. Sogar Elektrizität erzeugte ein findiger Schweizer Ingenieur in einem alten, mit Mandelschalen beheizten Generator. Heute wärmen Brasers mit Heizspiralen die Füße unter der Tischdecke bis zur Schlafenszeit, doch noch immer lassen sich Kinder gerne die alten Märchen erzählen, die von Mandeln und Mandelfeen handeln und wie alle Märchen auf Mallorca mit dem Zusatz enden: „... und sie setzten sich hin und aßen gebrannte Mandeln."

Gleich nach dem Herrgott die tönernen Töpfe

Seit den Zeiten der Römer sind sie ununterbrochen im Einsatz für alle leckeren Speisen, die auf der Insel gekocht, geschmort, gedünstet und gebacken werden: die tönernen Kochgefäße. Diese rotbraunen bauchigen oder flachen Töpfe und Formen, die nur innen glasiert sind, konnten selbst vom Schnellkochtopf oder der Teflonpfanne nicht verdrängt werden.

Massiv machen sie sich in den Regalen der Supermärkte breit – eine archaisch wirkende Sammlung zwischen dem übrigen chromblitzenden Geschirrsortiment. Auch auf den Wochenmärkten stellen sie sich zur Schau, wie zum Beispiel in Artà. Hier werden sie von den Hausfrauen betastet, beklopft und begutachtet, denn eine Schwäche haben sie: Sie halten nicht ewig. Doch dafür kosten sie wenig. Manche werden noch in den alten *forns moros,* den maurischen Öfen, gebrannt.

Bis Ende des letzten Jahrhunderts besaß noch jedes Dorf seine eigene Töpferei, die meisten standen jedoch in Palma, Inca, Pòrtol und Santa Eugènia. Bei den beiden letzten Orten findet man reiche Vorkommen der *terra d'olles,* der roten Tonerde. Nur aus ihr werden Kochgeschirr und Teller hergestellt. Eine zweite Art von Tonerde, die eine helle Strohfarbe aufweist und hauptsächlich in Vilafranca de Bonany vorkommt, verarbeitet man zu Krügen und Blumentöpfen, aber auch zu Ziegeln. Feineres Geschirr, mit barocken Ornamenten dekorativ bemalt, die *ceramica brodada,* wird in Felanitx, Pòrtol und Sa Cabaneta hergestellt.

Jedes Kochgeschirr hat, der Form entsprechend, seine Bestimmung: Die dickbauchige *olla* zum Beispiel, die es in vielen Größen von 1/2 Liter bis zu 30 Liter Inhalt gibt und dann an vier statt an zwei Henkeln getragen wird, ist für Suppen und Eintöpfe gut, wie zum Beispiel für *arròs brut,* den Reis mit Gemüse und Fleischstücken. „Nach Gott die *olla*", heißt es bei den Mallorquinern, was schon genug über die Bedeutung dieses Topfes aussagt.

Die flachbrüstige *greixonera* (gesprochen „greschonera"), eine Schale mit abgerundetem Boden und zwei oder vier kleinen Henkeln, nimmt auflaufartige Gerichte auf, wie zum Beispiel *tumbet* aus Auberginen, Kartoffeln und einer dicken Tomatensauce oder die *sopes mallorquines,* den auf dünne dunkle Brotscheiben geschichteten Eintopf mit Kohl. Das Braten und Kochen auf Gas oder dem offenen Feuer funktioniert in der Greixonera hervorragend. Nur zu plötzliches starkes Erhitzen oder Abschrecken kann Risse verursachen, die den Topf unbrauchbar machen. Zuerst werden alle Zutaten darin angebraten, das Gericht wird dann im Backofen fertig geschmort. Wer sich keine Greixonera von Mallorca mitgebracht hat, kann die Inselgerichte in einer ähnlichen Ton- oder Auflaufform, aber auch im Römertopf zubereiten. Zum Anbraten der Zutaten auf der Elektroplatte eignet sich die Greixonera leider nicht – schon wegen ihres runden Bodens. Es empfiehlt sich, die Zutaten zuerst in einer Gußeisenpfanne anzubraten, sie anschließend in die Greixonera oder eine ähnliche Form umzubetten und dann in den Backofen zu stellen – die Ergebnisse können sich durchaus sehen lassen!

Dritter Vertreter in der Tongeschirr-Familie ist der *motlo.* Er findet als Backform Verwendung, zum Beispiel für den mallorquinischen Käsekuchen, den *brossat,* der in Portionsförmchen oder als Kuchen in dieser großen, flachen Form gebacken wird.

Weiterhin wichtig im mallorquinischen Kochgeschirr-Programm ist die *caldera* – ein großer eiserner Suppentopf, der vor allem bei Schlachtfesten zum Einsatz kommt. An einem Haken hängt er über der Feuerstelle. Regen

Greixoneras heißen die schalenförmigen Tonschüsseln auf Mallorca, in denen man nicht nur gart, sondern auch serviert. Sie werden in den verschiedensten Größen hergestellt und auf allen Märkten der Insel feilgeboten.

Gebrauch findet auch die *llauna* – das Backblech, auf dem die herzhaften *coques* in den Ofen geschoben werden. In vielen Bauernhöfen sind vor allem im Winter noch die offenen Feuerstellen in Betrieb. Sie stehen in der Mitte unter einem großen „Wohnkamin", der sich nach unten ausweitet wie zu einer Art Höhle. In diesem begehbaren Ofen befinden sich rundum Sitzplätze, so wird er in der kalten Jahreszeit zum mollig-warmen Treffpunkt.

In der mallorquinischen Küche rangiert Fisch übrigens erst an zweiter Stelle. Obwohl von Meer umgeben, konzentrieren sich die Mallorquiner lieber auf ihr Land, das reichlich Schätze birgt, mehr als das nie sehr fischreiche Meer, das durch Piraten jahrhundertelang unsicher gemacht wurde. Das Schwein beherrscht den Speisezettel. Das ist auch der Grund, warum Käse und andere Milchprodukte auf der Insel keine nennenswerte Rolle spielen. Mallorquinischer Käse verblaßt heute neben den Erzeugnissen der Nachbarinsel Menorca und läßt sich auf der Tafel auch gerne von ihnen vertreten. Auf Butter legen die Hausfrauen ebenfalls keinen besonderen Wert, kochen und backen sie doch lieber mit Öl oder Schmalz. Wie schon ihre Töpfe erkennen lassen, ist die mallorquinische Küche keine Haute Cuisine, sondern eine deftige, bäuerliche Angelegenheit.

Je älter der Tag, desto größer die Ensaïmada

Für einen Mallorquiner beginnt der Tag mit einer *ensaïmada.* Das ist eine luftige Hefeschnecke in Handtellergröße. Dazu trinkt er eine dicke heiße Schokolade oder einen *cafè amb llet,* einen Milchkaffee. Mit dem fortschreitenden Tag nimmt die Ensaïmada an Umfang zu. So liegt sie gegen Mittag bereits in Kuchengröße in den Auslagen der *forns,* der Bäckereien. Aus ihrem Inneren quillt dicke gelbe Vanillecreme oder *cabell d'àngel,* Engelshaar, eine saftige Kürbismarmelade, und manchmal auch beides zugleich. Jetzt wird sie, in Tortenstücke zerteilt, verkauft, wenn sie nicht gleich, behutsam in flache Kartons gebettet, im Ganzen nach Hause transportiert wird. Oder es steht ihr sogar, gut verschnürt, eine See- oder Flugreise bevor, denn auch als Mitbringsel ist die Ensaïmada sehr begehrt. Sie kann dann nicht groß genug sein und gelegentlich fast Wagenradformat annehmen. Damit nicht genug, lassen sich viele Feriengäste ganze Kartonpagoden kunstvoll und sicher verpacken.

Die Ensaïmada ist die Königin der Backstuben, das Nationalgebäck von Mallorca, eine Spezialität, die es nur hier gibt. Plagiate auf dem Festland erreichen nicht ihre Qualität – das geben auch die Spanier selbst zu. Kenner behaupten, an dieser Köstlichkeit wirke das Inselklima oder auch das Wasser mit, das von den unterirdischen Reservoiren der Pyrenäen unter dem Meeresboden hindurch seinen Weg in die Grundwasserschichten der Baleareninsel finde. Klima oder Wasser – Tatsache bleibt, daß auch die Kunst der mallorquinischen Bäcker und ihre in Jahrhunderten verfeinerte Fertigkeit zum Wohlgelingen dieses Gebäcks beitragen. Und bis heute widersetzte sich die Ensaïmada erfolgreich jedem Einfluß der Technik.

Aus dem schnecken- oder turbanartig verschlungenen Teigstrang schließen Kulturhistoriker, daß die Mauren die Ensaïmada mit auf die Insel brachten. An dieser These läßt jedoch eine der entscheidenden Zutaten zweifeln: das Schweineschmalz, *saïm,* von dem die Ensaïmada ihren Namen erhielt und das vor dem Backen auf den Hefeteig gestrichen wird. Das Fett dieser den Muslims als unrein geltenden Tiere war sicher nicht nach deren Geschmack. Oder wurde etwa das Schmalz erst nach ihrem Abzug hineingeschmuggelt? Mit der Zeit ließen sich Bäcker und Konditoren immer raffiniertere Variationen für die Ensaïmada einfallen. So wird sie nicht nur mit Kürbismarmelade, Creme oder Sahne gefüllt, sondern zusätzlich auch noch mit dicker Creme bestrichen und mit Zuckersirup übergossen. Ein glühendes Brenneisen verwandelt den Sirup unter einer aufsteigenden Rauchwolke schnell in köstlich braunen Karamel, der sich auf der Creme verteilt. Exotisch gibt sich die *ensaïmada loca,* die „verrückte" Ensaïmada, die mit Paprikawurst, der *sobrassada,* belegt und dann mit Puderzucker bestreut wird. Die Vorliebe, Salziges mit Süßem zu verbinden, soll tatsächlich aus maurischem Erbe stammen. So auch die Idee, die Lieblingswurst Sobrassada zu braten und dann dick mit Honig zu übergießen. Man sollte den Mut aufbringen, diese einzigartige Variante einmal zu probieren. Sie vermittelt zumindest ein neues Geschmackserlebnis.

Besonders stolz sind die Bäcker auf die ruhmreiche Vergangenheit ihrer Backstuben und auf ihre *forns,* die Backöfen. An deren Entstehung sollen ebenfalls die Mauren beteiligt gewesen sein – oder etwa schon vorher die Römer? Hießen doch die gemauerten Backöfen in Form von Bienenkörben bei den alten Römern *furnus.* Jedenfalls gehören diese Öfen noch heute zum Inventar vieler Dörfer. Mancherorts heizt man wie in alten Zeiten die *forns de llenya* noch mit dem Holz der Stein-

Eine alte, traditionsreiche Bäckerei in Palma ist der Forn des Teatre mit seiner hübschen Fassade im Art-Deco-Stil. Eine Spezialität des Hauses scheint die Ensaïmada mit Schlagsahne zu sein.

eiche oder anderen traditionellen Hölzern der Insel. Dieses duftende Brennmaterial trägt mit bei zu dem besonderen Geschmack der Backwaren. Hierzu gehören natürlich nicht nur die Ensaïmades, sondern auch vieles andere süße Gebäck wie Mandel- und Käsekuchen, die *cocarrois,* herzhaft gefüllte Teigtaschen, wie auch das helle oder dunkle Weizenbrot und vor allem die *coques,* dünne Blechkuchen, die mit verschiedenen Gemüsen und anderen Zutaten belegt werden. Man ißt sie warm oder kalt. Am besten probiert man sie während eines Aufenthalts alle einmal durch.

Da gibt es die *coca de verdura,* die Gemüsecoca mit Mangold oder Spinat, Zwiebelchen, Petersilie und Knoblauch. Mit kleinen Fischen belegt wird sie zur *coca amb pinxes,* Coca mit Sardinen. Saftig rot und etwas süßlich bietet sich die *coca de pimientos* mit Paprikastreifen und Tomatenscheiben an. Besonders würzig ist die *coca de trempó,* die Salat-Coca, mit Paprika, Tomaten, Salatstreifen und Frühlingszwiebeln, alles vor dem Backen mit etwas Olivenöl übergossen. Im Oktober findet man auf dieser Salat-Coca eine zusätzliche Delikatesse, die *esclatasangs,* orangefarben-grünliche Pilze, die unseren Reizkern entsprechen. Wenn es regnet, sprießen sie aus dem Waldboden, leider aber so selten, daß sie meist nur auf einer hausgemachten Coca zu finden sind. Die Geschichte der Stadtbäckereien von Palma geht auf das Jahr 1348 zurück, als man in der Nähe der Kirche Santa Eulàlia den ersten Backofen baute. Es lohnt, nicht nur der Ensaïmada oder Coques wegen, sich auf die Suche nach diesen historischen Backstuben zu begeben, die im Zentrum von Palma noch immer in Betrieb sind, so zum Beispiel der Forn des Teatre an der Plaça de Weyler 9, der sich schon äußerlich sehr dekorativ mit Jugendstilelementen zu erkennen gibt, oder der Forn Fondo an der Carrer de la Unió 15, mit den herrlichen Marzipansüßigkeiten im Schaufenster, wo man vom Nebengäßchen aus einen Blick in die Backstube werfen kann. Versteckt im Altstadtlabyrinth, in einer Nische der Carrer de Sant Feliu, liegt der Forn des Racó, eine ebenfalls über hundert Jahre alte Bäckerei.

Auf dem Museumsgut Sa Granja, in einem üppigen Tal in der Nähe des Ortes Esporles gelegen, kann man zuschauen, wie die verschiedenen Coques gebacken werden, und man darf sie auch probieren. Anschaulich erfährt man hier vieles über die Tradition des Bäckerhandwerks, das sich auf der Insel schon im 13. Jahrhundert zu einer Innung vereinigte. Ihre Mitglieder stellten Brot, Zwieback, Kuchen und Pastetchen her. Sie wählten zu ihrem Schutzpatron den heiligen Martial, der einer Überlieferung nach Brote und Fische auf wunderbare Weise vermehrte. Nun – auf ein Wunder muß man nicht hoffen, wenn man selbst eine der köstlichen Coques nachbacken möchte. Bei der Ensaïmada allerdings könnte es schon eher herbeigewünscht werden!

Port de Sóller liegt an einer fast kreisrunden Bucht. Sie ist gesäumt von einer Uferpromenade mit Geschäften, Straßencafés und Speiselokalen.

Orangen aus dem Goldenen Tal

Orangen und Zitronen – seit Jahrhunderten gelten sie in den ungemütlichen, naßkalten Regionen Europas als Symbol für den sonnigen Süden. Gourmets ist die Sehnsucht des alten Weimarer Geheimrats Goethe nach dem „Land, wo die Zitronen blüh'n" jedoch zu allgemein gehalten. Sie schwören auf die Zitrusfrüchte aus Sóller, das an der Westküste von Mallorca liegt. Sie sind die besten von ganz Spanien, behaupten die Mallorquiner selbstbewußt. Und das ist kaum übertrieben. Reifen doch hier die Zitronen und Orangen in einem von Bergen geschützten Sonnental. Sóller, abgeleitet vom arabischen *suliar,* bedeutet Sonnenmuschel, goldenes Tal. Ein Erlebnis besonderer Art entzückt im Frühjahr die Besucher, wenn zur Zeit der Ernte die letzten Früchte und die ersten duftenden Blüten an ein und demselben Baum hängen.

Mit dem Auto führt der Weg in das gepriesene Orangental über zahllose Serpentinen mit Haarnadelkurven. Weniger nervenaufreibend und weitaus beschaulicher, wenn auch nicht unbedingt bequemer ist die Fahrt mit dem „roten Pfeil", dem *ferrocarril de Sóller,* einer Bahn, die die Hauptstadt Palma mit Sóller verbindet. Dieser entzückende Schmalspur-Oldtimer von 1912 rattert in einer knapp ein-

stündigen Fahrt durch die Serra d'Alfàbia, passiert dabei zahlreiche Tunnels und eröffnet immer neue reizvolle Ausblicke. Eine ebenso altertümliche Straßenbahn bringt die Reisenden von Sóller zu dem nur wenige Kilometer entfernten Hafen Port de Sóller. Wie bei vielen anderen Küstenstädten der Insel gründeten auch die Bewohner von Sóller in einer Zeit, als Piratenüberfälle zur Tagesordnung gehörten, landeinwärts eine zweite Wohnstadt, die ihnen mehr Sicherheit vor den plündernden Freibeutern gewährte. Stadt und Hafen Sóller stürzten sich schon früh in den Rausch des Zeitalters der Technik. Sie leisteten sich als moderne Verbindung eine eigene Straßenbahn, ein Unikum, wie man es in keinem anderen Küstenort bewundern kann.

Wie die ersten Zitrusbäume ins *vall dels taronges,* das Orangental, gelangten, läßt sich nur vermuten. Jedenfalls lernten portugiesische Eroberer bereits im 16. Jahrhundert bei ihren Entdeckungsreisen in China und Indien diese Früchte kennen. Sie brachten Setzlinge und Samen von dort mit heim in den Südteil der Iberischen Halbinsel. Von hier aus breiteten sie sich dann wohl schnell über den ganzen Mittelmeerraum aus.

Die Plantagen von Sóller, heißt es, gibt es schon lange. Sie dienten anfangs nur der eigenen Versorgung. War es doch schon schwierig genug, die saftigen Früchte mit Maultieren über halsbrecherische Bergpässe in die *Ciutat,* die Hauptstadt Palma, zu transportieren. Erst als im 19. Jahrhundert die Korsarenüberfälle aufhörten, die während vieler Jahrhunderte die Küste unsicher gemacht und fast entvölkert hatten, wagten sich die Fischer von Sóller an den Export. Sie organisierten eine Handelskompanie für die Ausfuhr der Früchte nach Frankreich. Junge Mallorquiner verkauften sie zuerst vom Handkarren aus, doch bald schon in eigenen Obstläden. Die Orangen und

Zitronen und Orangen aus dem Tal um Sóller sind weltbekannt. Zitrusfrüchte blühen und tragen gleichzeitig Früchte: reifende Zitronen (ganz links), Orangen mit duftenden Blüten (links). Im Januar scheint dieser Orangenbaum (oben) seine vielen Früchte kaum tragen zu können.

Zitronen von Sóller fanden so großen Anklang, daß sich schnell ein Handelsnetz bis Belgien, England, Polen und Deutschland erstreckte. Unter dem Namen „Spanischer Garten" wurden diese Läden berühmt. Einige davon, die auf solche kaufmännische Initiativen der Fischer von Sóller zurückgehen, gibt es noch heute in unseren Großstädten.

Außer Zitrusfrüchten wurden in damaligen Zeiten auch Feigen exportiert und brachten guten Gewinn. Inzwischen ist durch den Touristenstrom der Eigenbedarf jedoch so stark gestiegen, daß die Ernte nicht einmal mehr für die Insel ausreicht. Vom einstigen Wohlstand der Stadt Sóller, die viel von ihrer liebenswerten Altertümlichkeit bewahrt hat, zeugen noch heute stattliche Häuser mit palmengeschmückten Patios und leise plätschernden Brunnen. Wer die Schönheit der Orangen- und Zitronenplantagen unmittelbar erleben möchte, verläßt das Städtchen und fährt oder besser noch wandert tiefer in das Tal hinein, bis die Berge immer näher zusammenrücken. In diesen äußersten Zipfel schmiegt sich das alte Dorf Fornalutx mit winkeligen Gassen, holprigem Kopfsteinpflaster und mit viel Ursprünglichkeit. Von der Terrasse eines kleinen Lokals am Ortsrand aus genießt man einen wunderschönen Ausblick über das ganze Orangental bis nach Sóller, erfrischt sich vielleicht an einem Orangeneis und probiert auf jeden Fall einen köstlichen Zitronenkuchen.

Ein malerischer Ausblick auf die wilde Steilküste bietet sich im Süden bei Paguera. Wer bei diesem Anblick an Fischfang und großen Fischreichtum denkt, wird enttäuscht. Das Meer um die Balearen bot wegen seiner großen Tiefe stets nur wenig Fisch, nun sind die Gründe auch hier schon nahezu leergefischt.

1200

Fisch und Meeresfrüchte in deftigen Variationen

Heilbutt im Kohlwickel, *anfós amb col,* Hummerkrabben mit Hühnchen, *pollastre i gambes* – solch extravagante Fischgerichte können auch nur die Mallorquiner ersinnen. Das meist distanzierte Verhältnis der Insulaner zum Meer wirkt hier auf den Balearen bis in den Kochtopf hinein. Fleisch und Gemüse werden allemal bevorzugt. Diesem Diktat haben sich auch die delikatesten Meeresfrüchte zu beugen. Selbst die kostbare Languste wird nicht pur serviert, sondern erhält im *arròs amb llagosta,* im Reis mit Languste, eine landestypische Variante. Der Reis darf zwar in der Langustenbrühe quellen, und auch die Beine dieses Krustentieres werden zur Verfeinerung daruntergegeben. Seinen unnachahmlichen Geschmack erhält das Gericht jedoch erst durch das Hinzufügen der heißgeliebten Sobrassada, der sehr würzigen Schweinemettwurst. Was auf den ersten Blick wie eine Mesalliance aussieht, entpuppt sich als deftige, aber köstliche Spezialität. Verwöhnte Feinschmecker, die die Languste ohne ablenkende Zutaten bevorzugen und höchstens heiße Butter oder eine selbstgerührte Mayonnaise dulden, werden hier zu kulinarischen Seitensprüngen verführt. Wie auch anderenorts rund ums Mittelmeer zählen auf Mallorca die Fischlokale in Hafennähe zu den besten Adressen.

Ihre Auswahl reicht über Thunfisch, verschiedene Arten von Brassen, Merlanen und Barschen, Barben und Bonítols (kleine, gestreifte Thunfische), Heilbutt, Kabeljau, Seeteufel, Sardinen, Krebsen bis zu allerlei Muschelsorten. Selbst wer sich lieber an Wohlvertrautes halten will, findet daher auf den Speisekarten genügend Alternativen.

Zum Grillfisch wird gerne eine *borrida* serviert, eine aparte Sauce, für die es verschiedene Rezepte mit unterschiedlichen Zutaten gibt. Zum Eintunken steht Landbrot bereit. Eine Borrida-Variation, die sich zu Hause leicht zubereiten läßt, wird aus Kapern aus dem Glas und ihrem Sud, einer gekochten Kartoffel, zwei Eßlöffeln Olivenöl, einigen Pfefferkörnern, einem Deziliter Milch und kleingehacktem Fenchelkraut gerührt, bis eine Marinade entsteht. Eine süßliche Borrida besteht aus geschmorten Frühlingszwiebeln und Petersilie, Knoblauch, Pinienkernen, Rosinen und Olivenöl, alle Zutaten werden gehackt oder im Mörser zerstoßen. Zum Schluß wird die abgeriebene Schale einer Zitrone untergerührt. Solche Saucen machen wenig Mühe und verleihen gegrilltem oder gebratenem Fisch eine ungewohnte, feine Note.

Den ehemaligen Fischreichtum südlicher Meere kann man bei einem Besuch der Markthallen noch erahnen. Hier liegen die Meerestiere in ihrer ganzen Pracht und Eigenartigkeit, die Muscheln in bizarrer Formenvielfalt – für den Kochtopf eigentlich zu schade, zum Malen schön. Das wenigste aus dieser Fülle wird allerdings bei den Balearen gefischt, wegen der großen Tiefen und des fehlenden Planktons waren diese Fischgründe nie sehr ergiebig. Jetzt sind sie, wie überall im Mittelmeer, nahezu leergefischt. Deshalb lassen sich die Insulaner die Früchte des Meeres per Luftfracht und in Eis verpackt vom spanischen Festland oder den Kanarischen Inseln kommen. Und wenn auf den Speisekarten von frischem Fisch die Rede ist, so stellt das dank moderner Kühltechnik und schnellem Transport keine Übertreibung dar.

In den Markthallen von Palma verlocken Fische und Schalentiere, meeresfrisch und kühl auf Eis gelagert, zum Kauf.

Süffige Weine in gemütlichen Cellers

Während die EG-Fässer überfließen und die Weine im internationalen Wettkampf konkurrieren, halten sich Mallorcas Gewächse vornehm zurück. Vergeblich sucht man sie auf den meisten Getränkekarten der spanischen Gastronomie. Was auf den ersten Blick wie weise Selbstbeschränkung aussieht, hat in Wirklichkeit einen ganz einfachen Grund: Die Erträge der Inselweinberge reichen nicht einmal für den heimischen Markt aus; für die Touristen müssen zusätzliche Flaschen lastwagenweise vom Festland herübertransportiert werden. Das war nicht immer so. Doch liegen die Zeiten der berühmten Inselweine schon eine Weile zurück.

Es waren die Römer, die die Mallorquiner im Weinbau unterwiesen. Die Soldaten und die ihnen folgenden Veteranen, die von Rom gerne in den besetzten Ländern angesiedelt wurden, brachten die ersten Rebstöcke mit und zeigten den Inselbewohnern, wie sie den Rebensaft keltern mußten. So gelehrig waren ihre Schüler, daß Plinius der Ältere in seiner *Naturalis historia* lobend schrieb, die mallorquinischen Weine seien den besten Italiens gleichzusetzen. Trotz des vom Koran auferlegten Alkoholverbots machten sich später die Mauren daran, die Weinstöcke weiter zu kultivieren, und reicherten die Inselrezepte mit einem weiteren Produkt des Weinstocks an: den Rosinen, die heute noch zu allen möglichen herzhaften Gerichten gehören.

Ende des 19. Jahrhunderts war es auf einmal mit dem Weinanbau vorbei. Wie überall in Europa vernichtete die winzige Reblaus fast die gesamten Weingärten. Während in ande-

Wein wird im Zentrum von Mallorca vor allem bei Binissalem und bei Felanitx angebaut. Der schwere dunkelrote Landwein paßt gut zu den deftigen Speisen der einheimischen Küche.

Duftende Kräuter wachsen überall auf der Insel: Estragon (oben links), Rosmarin mit bläulichen Blüten (oben rechts), Echter Majoran (unten links), Thymian (unten rechts), Basilikum mit weißen Blüten (großes Bild, rechts) und andere. Sie sind nicht nur wohlschmeckende Beigaben zu den Landesspeisen, aus ihnen werden auch würzige Liköre hergestellt, die gesund und wohlschmeckend und daher sehr beliebt sind.

Das Flaschenteufelchen mit würzigem Kräuterduft

Liköre hat nur, wen auch die Sorgen plagen, will uns ein altes Sprichwort weismachen. Den Mallorquinern paßt eine solche Zwangsjacke nicht. Sie trinken Liköre, weil sie bekömmlich sind und die für ihre Herstellung benötigten Zutaten wie Kräuter und andere Beigaben direkt vor ihrer Haustür wachsen. Zu einem Duftbouquet vereint, ergeben sie aromatische und würzige Erzeugnisse. Geheimnisumwitterte alte Familienrezepte bilden häufig die Basis für ihre Herstellung. Zusammengebraut werden sie nach alter Tradition zu Hause oder in kleinen Brennereien. Abgefüllt werden diese Liköre in verzierte Flaschen mit eingepreßten floralen Medaillons, Erzeugnisse der mallorquinischen *horns*, der Glasbläsereien. Sie stellen von der Verpackung wie vom Inhalt her attraktive Mitbringsel dar. Auch durch ihre liebevoll gestalteten Etiketten, die keinerlei Massenproduktion signalisieren, fallen sie ins Auge.

Bei einem solch verlockenden Angebot lohnt natürlich das Probieren. Da bietet sich der *herbas* an, ein hellgrüner Kräuterlikör auf Anisbasis, der sowohl trocken als auch süß angeboten wird. In den Flaschen stecken als besonderes Dekor Kräuterzweige wie Fenchel und Anis sowie Blätter des Zitronen- oder des Orangenbaumes. Es heißt, daß für die Herbas-Herstellung etwa fünfundzwanzig verschiedene Kräuter erforderlich sind, die vor allem im Mai in den Bergen, Wäldern und auf den Feldern gesammelt werden. Denn dann stehen sie in vollem Saft und strömen einen unvergleichlichen Duft aus. Rosmarin, Minze und Fenchel, Ysop und Wermut, Lavendel

Johannisbrot (ganz links) ist die Basis eines beliebten mallorquinischen Likörs, des dunkelbraunen, würzigen palo. *Johannisbrotbäume, die Karuben, wachsen fast überall auf der Insel. In der Antike diente der Samen des Johannisbrotbaumes – er wiegt 0,2 Gramm – als Gewicht für Gold und Edelsteine: das Karat.*
Als Obst oder als Gewürz für Fleischgerichte: Granatäpfel (links) finden auf Mallorca eine vielseitige Verwendung. Traditionsgemäß werden sie zum bullit *gereicht.*

und Oregano finden sich im Herbas, dazu Lorbeer, Blüten und Blätter des Orangen- und Zitronenbaumes, Linden- und Kamillenblüten, Eukalyptus und sogar die frischen Spitzen der Pinie oder Blätter vom Olivenbaum – kurz, ein Duftbündel einmal quer durch die Flora Mallorcas. Mit dem Herbas läßt sich also aus gutem Grund auf die Gesundheit anstoßen. Getrunken wird er gerne als Digestif, zur Verdauung pur oder zwischendurch auch als Longdrink mit Soda.

Von gleicher Bedeutung ist auch der *palo,* ein dunkler, leicht bitterer Likör mit etwa 35 Prozent Alkoholgehalt. Man vermutet, daß die Früchte des Johannisbrotbaumes seine Grundlage sind, doch sind alle Zutaten ein streng gehütetes Firmengeheimnis. Feinschmecker wollen Süßholz, bittere Kräuter wie Wermut, Sauerampferwurzeln, Chinarinde und sogar Kaktusfeigen herausgeschmeckt haben. Der Palo wird gerne als Aperitif genommen und dann kühl auf Eis serviert.

Hervorragende Liköre destillieren auch die Bodegues Suau in Pont d'Inca am Rande von Palma, ein Familienunternehmen, das seit 1851 besteht. Das Etikett ihres *Brandy Viejisimo* ziert ein Bild des Dampfschiff-Veteranen „El Mallorquín", der zur Zeit der Firmengründung den Handel mit dem Festland in Schwung brachte. Sehenswert sind in dieser Bodega die hundertdreißig Jahre alten kupfernen Destilliergeräte oder die imposanten Eichenholzfässer, in denen kostbare Weinbrandbestände lagern. Dieser Brandy ist eine ausgesprochene Rarität. Er gehört daher auch nicht unbedingt zum Standardrepertoire einer jeden Inselbar, die sonst die meisten heimischen Liköre anbietet. Zu den selteneren Angeboten zählt auch ein Orangenlikör, der *licor de taronja,* der aus Orangenschalen destilliert wird und heute etwas aus der Mode gekommen ist. Dafür sieht sich der Gast an jeder Theke einer eindrucksvollen Flaschenbatterie gegenüber, die wirkungsvoll das spanische Spirituosenangebot demonstriert.

Adressen für Entdeckerfreuden

Für alle, die auf Mallorca kulinarische Erlebnisse suchen, sind hier einige wichtige Adressen aufgelistet. Ausgespart wurden Tips für Restaurants und Lokale, da diese Stätten der Kochkunst häufigem Wechsel unterworfen und ohnehin in jedem Reiseführer aufgelistet sind.

Herboristeria Romana 1868, Carrer de Sant Roc 7, Palma: Ein museumsreifer Laden in einer kleinen Gasse in der Nähe der Kathedrale. Hinter der antiken Theke stehen in alten Regalen Flaschen mit Essenzen und Tinkturen. Die Erfrischungsbonbons, nach überlieferten Rezepten hergestellt, schmecken nach Eukalyptus, Veilchen und Rosen. Toilettenwasser in vielen blumigen Noten und dekorativen Fläschchen verheißen Badefreuden.

Bomboneria La Pajarita, Carrer de Sant Nicolau 2, Palma: Aus dem Ladeninneren funkeln Kristallüster über barocken Theken, im Schaufenster türmen sich auf den Etageren Pralinen, kandierte Früchte, Marzipan und viele andere süße Köstlichkeiten: ein Schlaraffenland für Naschkatzen! In der Weihnachtszeit ist die Auswahl an Nougatsorten *(torrons)* besonders groß.

Tienda de Calaseu, Cordeleria 17, Palma: Flechtarbeiten wie Matten und Körbe aus Hanf und Espartagras, Relikte einer alten mallorquinischen Handwerkskunst für Haus, Hof und Küche, sind in diesem mittelalterlich wirkenden Laden versammelt, dessen Gründung auf das Jahr 1510 zurückgeht. Ein Laden, der zum Stöbern einlädt!

Orxateria i Xocolateria Ca'n Joan de s'Aigo, Carrer de Sans 10, Palma: Nicht weit von der Kirche Santa Eulàlia trifft man auf diese rund 300 Jahre alte Kultstätte der heißen Schokolade und der geeisten Mandelmilch *(orxata)*. Ihr Gründer suchte sich in den Bergen den saubersten Schnee, hortete ihn in einem „Schneehaus“ und ließ die kristallene Pracht nach Bedarf von Maultieren in die Stadt holen, um daraus Eisköstlichkeiten zu bereiten. Heiße Schokolade mit einer frischen Ensaïmada muß man probiert haben wie auch die Orxata und zur Aprikosenzeit die *orxata d'albercoc* (Aprikoseneis).

Bodega Balear, Carrer de Jeroni Amengual 7, Palma: Rot- und Weißweine gibt es hier direkt vom Faß, auch Kräuterlikör und Sherry kann man sich abfüllen lassen und vorher natürlich probieren.

Cellers: In Palma befinden sich berühmte Cellers wie der Celler Sa Premsa, Plaça del Bisbe B. Palou, und in der Avinguda de Joan Miró 33, El Terreno, die aber schon recht überlaufen sind. Noch urtümlicher sind in Inca der Celler Ca'n Amar, Brull 7, und der Celler Ca'n Ripoll, Carrer J. Armengol 4.

Mercats, die großen Markthallen: Alle kulinarischen Schätze der Insel findet man in den großen Markthallen in Palma unter einem Dach vereint. Die Läden sind auf zwei Stockwerken in Galerien angeordnet. Hier entdeckt man die köstlichen Wurstsorten der Insel, die Fische und die Muscheln. Kleine Bars bieten ihre *tapes,* verschiedene Leckereien, an. Alle Markthallen sind vormittags geöffnet: *Olivar,* Plaça de l'Olivar 4, Palma; *Santa Catalina,* Plaça de la Navegació, Palma; *Pere Garau,* Plaça de Pere Garau, Palma; *San Fernando,* San Fernando 20, Palma.

Hornos Gordiola, Carrer de la Victòria 2 und Carrer Jaume II 12, Palma: Die Glasbläserei Gordiola unterhält in Palma zwei Verkaufsniederlassungen mit einer Auswahl an kunstvoll gefertigtem Tafel- und Zierglas. Man kann die Hornos Gordiola auch in einem nachempfundenen Kastell an der Straße nach Algaida direkt besuchen. Sie ist außer an Sonntagen täglich geöffnet.

Süße Leckereien sind in Vitrinen und Regalen der Bomboneria La Pajarita in Palma appetitlich angerichtet. Da fällt die Auswahl schwer!

Die Rundfestung Castell de Bellver (links) liegt auf einem Hügel am südlichen Stadtrand von Palma. Sie ist außen als Trutzburg befestigt und wurde von Jaume II. im 13. Jahrhundert errichtet. Mit gotischen Doppelbögen verzierte Loggien umsäumen zweigeschossig den Innenhof, in dem eine Zisterne mit Brunneneisen steht. Einst Residenz der Könige, dann Gefängnis, ist sie heute Treffpunkt mancher volkstümlicher Feste. Verschwenderisch ausgestattete Bürger- und Geschäftshäuser, wie hier die Drogueria Coabella (rechts), zieren die Straßen von Palma.

Lafiore, an der Straße von Palma nach Valldemossa, 11 km ab Palma in s'Esgleieta: Hier kann man den Glasbläsern bei der Arbeit zusehen und im angrenzenden Ausstellungsraum die Erzeugnisse ihrer Handwerkskunst bewundern und kaufen.

Sa Granja, über die Carretera PM 111 nach Esporles. Nach ca. 1,5 km erreicht man dann Sa Granja, eines der ältesten Güter Mallorcas, dessen Gründung auf die Römer zurückgeht. Die Mauren schufen hier ein eindrucksvolles, noch heute funktionierendes Bewässerungssystem. 1229 ging Sa Granja in den Besitz der Zisterziensermönche über, 1447 in Privatbesitz. Heute ist das vielbesuchte Landgut ein lebendiges Freilichtmuseum. Neben der Demonstration alter Handwerksberufe kann man hier eine alte Küche mit antikem Hausrat, die prächtigen Zimmer im Herrenhaus und die Gartenanlagen mit Haustieren besichtigen, aus alten Weinfässern kosten und die in den historischen Öfen gebackenen Spezialitäten probieren. Sa Granja ist täglich von 10 bis 19 Uhr geöffnet.

Markttage auf dem Land: Jeden Tag wird in einem der vielen Landstädtchen und Dörfer ein Bauernmarkt abgehalten. Zwar muß man früh aufstehen, aber es lohnt sich. Verkauft werden nicht nur landwirtschaftliche Erzeugnisse, sondern in den Gassen rund um den Marktplatz auch Hausrat und Textilien.

Montags: Manacor, Montuïri, Porreres.
Dienstags: Alcúdia, Artà, Santa Margalida.
Mittwochs: Andratx, Petra, Santanyi, Sineu, Vilafranca de Bonany.
Donnerstags: Campos, Inca, San Llorenç.
Freitags: Alaró, Algaida, Llucmajor, Maria de la Salut.
Samstags: Campos.
Sonntags: Alcúdia, Felanitx, Muro, Pollença, Santa Maria del Camí.

Irgendwo wird immer gefeiert und geschmaust

Über hundert Feste stehen im Jahreskalender von Mallorca. Nach einem Anlaß muß man daher nicht lange suchen, wenn man sich einmal so richtig ins Getümmel der Feiernden stürzen, mitessen und -trinken will. Da gibt es nicht nur die Feste, die das Kirchenjahr beschert wie Ostern, Pfingsten und Weihnachten, sondern auch noch die zu Ehren der vielen lokalen Heiligen und Patrone der Ortschaften und Innungen, die Wallfahrten oder die historischen Feste, die aufgrund irgendeiner Befreiung von unchristlichen Mauren oder blutrünstigen Piraten begangen werden, ganz abgesehen von den großen Erntedankfesten zur Oliven-, Wein- oder Melonenernte. Selbstverständlich, daß alle diese Höhepunkte mit Umzügen, Musik, Tanz und natürlich auch mit ausgiebigem Schmausen und Zechen begangen werden. Hier die wichtigsten Feste, die auch für kulinarische Expeditionen besonders interessant sind:

5. Januar, *Colcada dels Reis,* Dreikönigsfest in Palma.

16. Januar, *Revetla de Sant Antoni Abat.* Am Vorabend des Namenstages dieses Heiligen werden in den Dorfstraßen von Sa Pobla Freudenfeuer entzündet und Teufelspuppen verbrannt als Sinnbild für den Sieg über das Böse. Gegessen werden an diesem Abend *espinagades,* Pasteten mit Spinat und Aal gefüllt.

17. Januar, *Ses Beneïdes,* die Segnung der Haustiere in Artà, Muro, Manacor und Sa Pobla, Palma, Petra und Costitx.

19. Januar, *Revetla de Sant Sebastià.* Der Vorabend des Sebastiantages wird in Palma mit Freudenfeuern begangen, um die getanzt und gesungen wird. Es werden typische einheimische Speisen angeboten.

20. Januar, *Festa de Sant Sebastià,* Fest des heiligen Sebastian mit Prozession in Palma.

Im Februar, Mandelblütenfest in Petra.

3. Woche der Fastenzeit (20 Tage nach Aschermittwoch), Halbzeit der *quaresma,* der Fastenzeit. In den Dörfern bei Porreres wird eine Fastenhexe zersägt, ein alter karnevalistischer Brauch der Bauern.

4. Sonntag der Fastenzeit, Wallfahrt und *Festa des Pa i es Peix,* das Fest von Brot und Fisch in Sant Joan, das mit ungesäuertem Gebäck, *panades de peix,* gefüllt mit Fisch, zur Erinnerung an die wunderbare Brot- und Fischvermehrung gefeiert wird.

Weißer Sonntag, Sonntag nach Ostern, auf Mallorca „Engel-Sonntag" genannt. Die jungen Leute gehen zum Schloß Bellver und verzehren dort die letzten *panades* vom Osterfest.

Anfang Mai, das Fest der Tapferen Frauen von Sóller, *Cristians i moros – Ses valentes dones.* Eine ganze Woche lang feiern die Bürger von Sóller in historischen Kostümen mit viel Schlachtgetümmel die Abwehr der türkischen Piraten im Jahr 1561 durch ihre tapferen Frauen.

Mitte Mai, kulinarische Messe *Mostra de Cuina Mallorquina* auf dem Passeig des Born in Palma. In einem großen Zelt mit vielen Eß- und Trinkständen kann man gegen ein geringes Eintrittsgeld die mallorquinische Küche probieren, auch Weine und Liköre werden angeboten.

2. Sonntag im September, *Festa des Meló,* Melonenfest in Vilafranca de Bonany. Melonen können kostenlos probiert werden.

Letzter Sonntag im September, *Festa des Vermar,* Weinfest in Binissalem. Öffnung der Weinfässer und Weinproben, Tanz und Feuerwerk.

1. Sonntag im Oktober, *Festa des Botifarró,* Blutwurstfest in Sant Joan mit Volkstänzen und Dudelsackmusik.

Letzter Oktobersonntag, *Festa des Bunyol,* Krapfenfest in Petra. Es geht auf Sankt Ursula und die elftausend Jungfrauen zurück. An diesem Tag werden auf der ganzen Insel *bunyols,* Krapfen, gebacken.

2. Donnerstag im November, *Dijous Bo,* Schmutziger Donnerstag in Inca, große Landwirtschaftsmesse mit vielen Ständen, die kulinarische Kostproben anbieten.

In vielen Ortschaften auf der Insel gibt es noch eigene Volkstumsgruppen, die sich an Festtagen mit den einheimischen Trachten schmücken (oben). Der Kopfputz, aus Spitzen gearbeitet, kommt durch die schwarzen Jäckchen besonders hübsch zur Geltung.
Am 17. Januar wird in Artà das Fest des Sant Antoni gefeiert (unten). Teufel treiben den heiligen Antonius durch die mittelalterlichen Gassen der Stadt und lassen ihn viele Versuchungen durchleiden.

Sonnenhungrige Touristen suchen auf Mallorca Erholung und Ferienfreude. Hier in der malerischen „Bucht der Pinien", Cala Pi (rechts), an der Südküste der Insel finden sie herrlich klares Wasser und einen schönen Sandstrand. Der Tourismus blüht, und viele junge Mallorquiner gehen einträglichen Berufen in den Badeorten nach, während im Landesinneren die Älteren sich nach wie vor der Landwirtschaft widmen. Dieses arabische Wasserschöpfrad (oben) ist ein Symbol für die mühselige, traditionsreiche Landarbeit. Es besteht aus den natürlichen Grundstoffen Holz, Stein, Ton und Hanf.

Essen und Trinken im mallorquinischen Rhythmus

Zwei verschiedene Uhren, so scheint es, regeln auf der Insel die Tagesabläufe. Die eine für die Hotel-Feriengäste schreibt mit preußischer Genauigkeit Essenszeiten nach kontinentalem Muster vor. Die andere folgt dem gelassenen Rhythmus südländischer Lebensart. Halten die Touristen ihr Verdauungsschläfchen, denken die Mallorquiner überhaupt erst ans Mittagessen und stehen von den Tischen auf, wenn sich eine deutsche Familie den Nachmittagskaffee schmecken läßt. Auf Mallorca ist eben alles ganz anders – schade, daß sich die Hoteluhren nicht auf Inselzeit einstellen lassen.

Wie überall im Süden spielt das Frühstück keine nennenswerte Rolle. Meist nimmt der Mallorquiner nur eine frische, warme Ensaïmada mit Milchkaffee oder einer Tasse heißer Schokolade zu sich. Beim zweiten Frühstück gegen 11 Uhr wird das Angebot schon üppiger. Dann stehen auf den Theken der kleinen Bars die ersten Tapes bereit, herzhafte kleine Gerichte wie *ensaladilla* (Kartoffelsalat mit Thunfisch, Erbsen, Karotten und Ei), *pilotes* (kleine Fleischbällchen), die *truita espanyola* (ein dickes Kartoffelomelett), eingelegte Paprikaschoten und Oliven, kleine gebratene Fische, *calamars* (kleine Tintenfische) und vieles mehr, das auf kleinen Tellerchen, *platets,* serviert wird. Jetzt schmeckt bereits auch die erste *copa,* ein Glas Wein, oder eine *copeta,* ein Gläschen Sherry.

Nach diesem Intermezzo läßt man sich mit dem Mittagessen Zeit. Gegen 14 Uhr setzt man sich an den Tisch und speist bis etwa 16 Uhr. Eingelegte Oliven und Brot verkürzen die Wartezeit bis zu den *entremesos,* den Vorspeisen. Dann folgen Salat, Muscheln oder Schnecken, Schinken und Wurst, Garnelen oder Sardinen. Das Hauptgericht, *el segon plat,* besteht aus Fisch, Fleisch, einem Eintopfgericht oder Geflügel. Dazu ißt man Brot. Beilagen sind nicht üblich und werden, wenn erwünscht, extra serviert. Der Nachtisch, *postres,* bietet Köstlichkeiten wie Mandel-, Orangen- oder Käsekuchen, Früchte oder *pijama,* eine Komposition aus Kuchen, Pfirsichhälften und Eiskugeln – ein Dessert, das nicht nur Kindern schmeckt.

Das Abendessen beginnt selten vor 21 Uhr und zieht sich in der Regel bis Mitternacht hin. Auf den Tisch kommen ähnliche Gerichte wie am Mittag. Dazu trinkt man Wein aus Binissalem oder Felanitx, Tinto (rot), Blanco (weiß) oder Rosado (rosé), der letztere paßt sowohl zu Fleisch als auch zu Fisch. Den Abschluß bildet ein starker Kaffee (Espresso) oder *tallat,* ein starker Kaffee mit einem Schuß Milch. Um unangenehmen Nachwirkungen dieser späten Mahlzeit vorzubeugen, setzen ein Herbas, ein Kräuterlikör, oder ein guter Brandy den Schlußpunkt.

Als begeisterte Picknick- und Grillfest-Anhänger verlegen die Mallorquiner ihre Mahlzeiten gerne ins Grüne. Schon in den ersten warmen Tagen des Jahres, mit der beginnenden Mandelblüte, werden Körbe mit bereits zu Hause vorbereiteten Speisen, Fisch, ein Geflügeleintopf oder andere kalte Gerichte und Terrinen gepackt; dazu gibt es kleingeschnittenes Gemüse, Tomaten, Paprika, Obst und Kuchen. Solch ein Picknick nach mallorquinischem Muster läßt sich auch bei uns gut arrangieren. Ideen dafür liefert der Rezeptteil. Zu empfehlen ist der Gemüsekuchen *(coca de verdura),* mariniertes Kaninchen *(conill escabetxat),* Schweinelende mit Zuckerkruste *(carn freda amb llom)* oder Teigtaschen, mit Mangold gefüllt *(cocarrois amb bledes).* Zum Kochen auf dem Grillplatz eignen sich ein Suppentopf *(sopes)* oder ein Reiseintopf *(arròs brut),* zum Grillen Spanferkel *(porcella en es forn),* Fisch und Fleisch, Kaninchen und Geflügel, kurz alles, was auf den Grill gelegt werden kann.

20 Tips für ein gutes Gelingen der mallorquinischen Küche

Fleisch: Bei den Fleischangaben darf, wie auch beim Gemüse, variiert werden. Steht im Rezept eine Lammkeule, kann man statt dessen auch Brust oder Ragout verwenden. Wichtig ist, daß es sich tatsächlich um die genannte Fleischsorte handelt.

Sobrassada: Bei vielen mallorquinischen Rezepten ist die Beigabe der Sobrassada, einer Art saftiger, grober Mettwurst aus Schweinebrät, erforderlich. Obwohl diese Wurst bei uns höchstens in Import- und Spanienläden erhältlich ist, kann auf sie im Rezept nicht verzichtet werden. Wer die Sobrassada nicht bekommt, kann Ersatz schaffen: Eine *chorizo,* die spanische Paprikawurst, die man auch in manchen Metzgereien bei uns kaufen kann, oder auch die *kolbász,* eine ungarische Paprikasalami, kommen der Sobrassada am nächsten. Man kann auch jede andere, nicht zu harte Paprikawurst verwenden oder auch versuchen, die Sobrassada selbst herzustellen. Dazu nimmt man eine grobe, fette Mettwurst, die nicht zu stark geräuchert ist, und fügt auf 100 g einen gestrichenen Teelöffel Edelsüßpaprika und eine Knoblauchzehe hinzu, vermengt alles, preßt es in einen kleinen Plastikbeutel und hebt die Wurst einige Tage im Kühlschrank auf, damit sie fester wird. Diese Wurst ist jedoch trotzdem noch zu weich, um sie, wie in den Rezepten angegeben, in Würfel zu schneiden. Deshalb nimmt man am besten kleine Stücke mit dem Löffel ab und fügt sie den Gerichten erst ganz zum Schluß dazu, damit sie sich nicht sofort in der Sauce auflösen.

Fritieren: In eine nicht zu große Gußeisenpfanne mit hohem Rand so viel Öl (oder Fritierfett) geben, daß das Fritiergut darin lose schwimmen kann. Das Öl ist heiß genug, wenn ein Holzlöffel beim Eintauchen kleine Bläschen wirft. Bei zu heißem Öl wird das Fritiergut außen schnell braun, bleibt aber innen noch roh. Man kann es aber auch in einem Fritiertopf bei 180 °C goldbraun braten.

Panieren: Beim Panieren von Fleisch oder Fisch kann man statt Mehl Stärkepuder (wie Maizena oder Mondamin) nehmen. Die Panade läuft besser auf und wird lockerer.

Olivenöl: Wie auf Mallorca üblich, wird für die meisten Fleischsorten, für Fisch und Gemüse Olivenöl verwendet. Wem es im Geschmack zu stark dominiert, der kann auch Mais- oder Sonnenblumenöl verwenden. Deshalb wurde in den Rezepten auch meist nur Öl angegeben, außer wenn die Verwendung von Olivenöl wirklich unerläßlich ist.

Schweineschmalz: Nach dem Olivenöl rangiert in der mallorquinischen Küche die Verwendung von Schweineschmalz an zweiter Stelle. Damit werden Geflügel und Kaninchen geschmort, es wird aber vor allem bei der Zubereitung von verschiedenen Teigarten verwendet. Es ist ratsam, das Schweineschmalz bei niedriger Temperatur zu verflüssigen und es dem Mehl nur mäßig warm zuzugeben. Zu heißes Schmalz kann die Hefebakterien abtöten.

Kartoffeln: Als Beilage zu Fleischgerichten reicht man meistens Kartoffeln, am liebsten fritiert. Im Unterschied zu unseren gewohnten Pommes frites erhalten die Kartoffelstäbchen eine etwas kürzere und breitere Form. Sie werden nur schwach in Öl gebräunt und gerne in der Sauce noch etwas mitgeschmort.

Gemüse: Die in den Rezepten angegebenen Gemüsezutaten sollten niemals zum Diktat werden. Je nach Preislage und Saison können sie untereinander beliebig ausgetauscht werden. Die Ausnahme bilden jedoch Tomaten. Schreibt das Rezept sie vor, sollte man außerhalb der Saison lieber auf Dosentomaten zurückgreifen und diese dem Gericht etwas später zufügen, damit sie nicht zu sehr zerkochen.

Gemüse schneiden: Für die mallorquinischen Gerichte sollte man beim Gemüseschneiden sehr auf die optische Gestaltung achten, es wirkt sich aber auch auf den Geschmack aus. Ißt man Zwiebeln roh, sollte man sie nicht in Ringe schneiden, sonst werden sie nämlich schnell bitter. Man schneidet sie besser längs zur Wurzel hin oder in Plättchenform: Die Zwiebel quer durchschneiden, die beiden Hälften noch einmal vierteln oder achteln, jetzt können die leicht gewölbten Plättchen gut einzeln von den Stücken abgehoben werden. Paprikaschoten in quadratische Plättchen schneiden, Tomaten kleinwürfeln oder in Scheiben schneiden.

Zwiebeln: Weiße Gemüsezwiebeln sind zu empfehlen, da sie mild und bekömmlich sind.

Knoblauch: Der Gebrauch einer Knoblauchpresse ist auf Mallorca ziemlich verpönt. Man zerstößt den Knoblauch in einem Keramik- oder Porzellanmörser oder hackt ihn fein. Oft wird er erst kurz vor dem Ende der Garzeit, vermengt mit feingeschnittener Petersilie, über die Speisen gestreut, damit er nicht an Aroma verliert. Auch Saucen würzt man häufig erst zum Schluß mit einer Mischung aus Knoblauch, Petersilie und Brühwürfel, alles im Mörser zerstoßen. Bei der Menge muß man sich nicht unbedingt an die Rezeptangaben halten. Richten Sie sich hierbei ganz nach Ihrem persönlichen Geschmack! Ganze Zehen oder Knollen, mitgeschmort, haben übrigens den Vorteil, daß man sie später wieder entfernen kann, wenn sie nicht mitserviert werden sollen. Geschmorter Knoblauch in der Schale schmeckt wunderbar aromatisch und ist sehr saftig.

Mangold: Mit seinem leicht bitteren Geschmack wird er in der mallorquinischen Küche gerne verwendet. Als Ersatz kann auch Spinat genommen werden.

Paprikaschoten: Für Rezepte, in denen grüne Paprika benötigt werden, sollte man nur die hellgrünen, spitz zulaufenden dünnwandigen Peperones verwenden. Sie sind mild, haben ein intensives Aroma und eignen sich besonders gut als Schmorgemüse und für Salate. Die fleischige, süßliche, rote Paprikaschote gibt man auf Gemüseblechkuchen, in Gemüsesuppen und in die Paella.

Tomaten schälen: Tomaten mit kochendem Wasser überbrühen, kurze Zeit stehen lassen und dann das Wasser abgießen; jetzt läßt sich die Haut leicht abziehen. Das Entkernen der Tomaten ist nicht üblich. Falls Sie jedoch Tomaten ohne Kerne vorziehen, die Tomaten quer durchschneiden und die Kerne mit einem kleinen Löffel herausholen, den harten Stielansatz herausschneiden.

Sofrit: Die Basis für viele mallorquinische Gerichte ist ein *sofrit* aus geschmorten Gemüsezutaten. Hier ist bei den Zwiebeln besonders darauf zu achten, daß sie nicht mehr glasig sind, bevor man die Tomaten dazugibt, sie werden sonst nicht mehr weich.

Kräuter: Die mallorquinische Küche verwendet Wildkräuter nur in ganz wenigen Fällen, dafür aber alles, was im Garten wächst wie Petersilie, Fenchelkraut, Majoran und Stangensellerie.

Fenchelgrün und Petersilie: Beide zusammen geben, fein gehackt, Fisch- und Fleischgerichten eine interessante Geschmacksnote. Die Kräuter werden immer erst kurz vor dem Servieren dazugegeben.

Brühwürfel: Die mallorquinischen Frauen gehen mit Brühwürfeln nicht gerade sparsam um. Das typische Aroma kann aber auch ohne Brühwürfel erreicht werden, wenn man der Sauce frisches Liebstöckel zufügt.

Safran: Beliebt ist das Einfärben von Suppen, Fisch, Reis und Gebäck mit dem leuchtenden Gelb des Safrans. Doch auch ohne diese Zutat wird eine Paella salonfähig.

Mandeln schälen: Mandeln lassen sich leicht abziehen, wenn man sie mit kochendem Wasser überbrüht, kurz stehen läßt und dann die Schale zwischen Daumen und Zeigefinger abreibt.

Puderzucker: Kaum ein Gebäck, über das in Mallorca nicht dick Puderzucker gestreut wird. Wenn man Kristallzucker in der Kaffeemühle mahlt, erhält man einen besonders feinen und lockeren Puderzucker.

In diesem Innenhof des kleinen Landstädtchens Santanyi, das inmitten großer Mandelbaumkulturen liegt, ist man gerade damit beschäftigt, die Mandeln aus den Schalen zu lösen und sie zur baldigen Verwendung vorzubereiten. Denn frische Mandeln sind beliebte Zutaten in fast allen traditionellen mallorquinischen Gerichten.

Die Titel der Rezepte sind in diesem Buch zweisprachig angegeben: zunächst in Deutsch und dann in Mallorquí, der ursprünglichen Inselsprache. Also dann, viel Freude beim Nachkochen und bon profit – *guten Appetit!*

Aprikosenblechkuchen

Coca d'albercocs

Die Erfahrung zeigt, daß kaltes, dafür aber langsames Gehen bei fettreichen Teigarten günstiger ist. Um den Vorgang zu beschleunigen, kann man in den Hefeteig etwas Sauerteig geben. Er sorgt auch für den bei mallorquinischem Hefegebäck typischen Brötchengeschmack.

Für den Teig: *500 g Mehl, 40 g Hefe, 1 Prise Zucker, 1/8 Liter Milch, 2 Eier, 50 g Schweineschmalz, 50 g Puderzucker, 1 Päckchen Natur-Sauerteig, 1 dl Öl.*
Für den Belag: *1 kg reife Aprikosen, Öl zum Bestreichen, Zucker zum Bestreuen*

Für den Teig: Zwei Drittel des Mehles in eine Schüssel geben, eine Mulde machen und die Hefe mit einer Prise Zucker und etwas lauwarmer Milch darin auflösen. Zugedeckt an einem warmen Ort ca. 20 Minuten gehen lassen. Eier und Schmalz in der restlichen lauwarmen Milch auflösen und mit dem Puderzucker und Sauerteig (nach Packungsanweisung) dazugeben. Das restliche Mehl nach und nach mit dem Teig verkneten, dabei die Finger in Öl tauchen, damit der Teig nicht festklebt. Eine Kugel formen und zugedeckt an einem warmen Ort gehen lassen, bis der Teig die doppelte Größe erreicht hat.
Für den Belag: Aprikosen halbieren und entkernen. Backblech mit Öl bestreichen, Teig darauf ca. 1/2 cm dick ausrollen und die Aprikosenhälften mit der Schale nach unten in den Teig drücken. In die Mulden der Aprikosenhälften jeweils 1 Messerspitze Zucker geben. Nochmals ca. 1/2 Stunde gehen lassen. Dick mit Zucker bestreuen und im vorgeheizten Backofen bei 200 °C ca. 30 Minuten backen.

Artischocken, mit Kabeljau gefüllt

Carxofes farcides amb bacallà

Auf Mallorca wachsen die dicken Blütenknospen der distelartigen Artischockenpflanze auf groß angelegten Feldern oder im Schatten der Olivenhaine. Zum Füllen eignen sich die großen Köpfe, die aber noch geschlossen sein sollten.

8 große Artischocken, 3 unbehandelte Zitronen, Salz, 1 Brötchen, 1/2 Liter Milch, 200 g Kabeljau, Mehl zum Bestäuben, 1 dl Öl, 1 Bund Petersilie, 1 Ei, Pfeffer, 1 Zwiebel, 4 Knoblauchzehen, 1 Tomate, 1 Lorbeerblatt

Von den Artischocken Stengel, grobe Blätter und Spitzen abschneiden, mit dem Saft von einer Zitrone in Salzwasser 25–35 Minuten weichkochen. Brötchen in 2 dl Milch einweichen. Kabeljau in feine Streifen schneiden, mit Mehl bestäuben und in 2 EL Öl anbraten. In einer Schüssel mit der Hälfte der kleingehackten Petersilie, dem ausgedrückten Brötchen, der abgeriebenen Schale von 2 Zitronen, dem Saft von 2 Zitronen, Ei, Salz und Pfeffer gut vermengen. Die abgekühlten Artischocken von Blättern und Heu befreien. Paste in die Böden füllen und mit 2 EL Öl beträufeln. In eine Greixonera setzen, 1 dl Milch zugießen. Im Ofen bei 250 °C 20 Minuten backen. Zwiebel und Knoblauchzehen kleinhacken. Das restliche Öl in einer Pfanne erhitzen und nacheinander die Zwiebel und Knoblauchzehen sowie die geschälte, kleingewürfelte Tomate darin anbraten, Lorbeerblatt und restliche Milch dazugeben, aufkochen und über die Artischocken gießen. Mit der restlichen Petersilie bestreuen und noch 10 Minuten schmoren lassen. Zu den Blättern die Knoblauchmayonnaise (siehe Seite 128) reichen.

Auberginenauflauf mit Ei

Tumbet amb ous

Tumbet wird entweder als Beilage zu Fisch oder Fleisch zubereitet oder, wie hier mit Ei, als Hauptgericht. Je länger es durchzieht, desto besser schmeckt es, und es ist auch am nächsten Tag, kalt oder aufgewärmt, noch ein Genuß.

1 kg Tomaten, 1 kg Kartoffeln, Öl zum Fritieren, 3 große Auberginen, Salz, 3 hellgrüne Spitzpaprika (römische Sorte), 4 Knoblauchzehen, 1–2 Eier pro Person

Tomaten kochen, pürieren und die Schalen entfernen. Kartoffeln in Scheiben schneiden, abtrocknen. Öl in einer Fritierpfanne erhitzen, Kartoffeln dazugeben, so daß sie mit Öl bedeckt sind, goldgelb fritieren. Wenn sie gar sind, herausheben und abtropfen lassen. Auberginen in dünne Scheiben schneiden, mit Salz einreiben, kurz ruhen lassen, abtropfen und in dem verbliebenen Öl goldgelb backen (falls nötig, Öl nachgießen). Abtropfen lassen. Die in 2 × 2 cm große Plättchen geschnittenen Paprikaschoten mit den ungeschälten Knoblauchzehen fritieren, bis sie gar sind, Öl abgießen und die pürierten Tomaten zu den Paprika geben. Köcheln lassen und Sauce etwas reduzieren. Salzen. Die Kartoffeln und Auberginen schichtweise in eine Greixonera legen, jede Schicht mit etwas Sauce übergießen und im vorgeheizten Backofen bei 180 °C 30–40 Minuten schmoren. Vor dem Servieren die Eier schwimmend in Öl fritieren, indem man mit einem Holzlöffel die Eiweiß sanft über die Eidotter stülpt.

Bauernbrot

Pa paìs

Dieses ungesalzene und locker gebackene Inselbrot ist sehr wahrscheinlich jüdischen Ursprungs. Der große jüdische Bevölkerungsanteil prägte natürlich die Eßkultur auf Mallorca mit. Das Brot wird zu fast jeder Mahlzeit gereicht und bildet die Grundlage des beliebten *pa amb oli.*

1 kg Weizenvollkornmehl, 40 g Hefe, 2 TL Zucker, 8 dl Wasser, 150 g Natur-Sauerteig, 1 EL Schweineschmalz, Fett zum Bestreichen des Backblechs

Zwei Drittel des Mehles in eine Schüssel geben, eine Mulde machen und die Hefe mit dem Zucker und etwas lauwarmem Wasser darin auflösen. Zugedeckt an einem warmen Ort ca. 20 Minuten gehen lassen. Sauerteig nach Packungsangabe dazugeben. Schmalz im übrigen warmen Wasser auflösen, nach und nach zugießen und dabei das restliche Mehl (mehr oder weniger) einarbeiten. Teig sehr gut und lange kneten. Mit einem Tuch zudecken und 20 Minuten gehen lassen. Nochmals sehr gut zu einem lockeren Teig durchkneten. Zwei runde Brote formen und auf das gefettete Backblech geben. Oberfläche des Brotes einmehlen, nochmals gehen lassen, bis sich die Menge verdoppelt hat. Brot in den auf 225 °C vorgeheizten Backofen legen. Ein Schälchen mit heißem Wasser unten in den Backofen stellen. Brot ca. 50 Minuten gut ausbacken, Nadelprobe machen. Auf einem Gitter auskühlen lassen. Brot, das nicht sofort verzehrt wird, in ein Tuch wickeln und an einem kühlen Ort aufbewahren. Es hält sich mehrere Tage frisch, eignet sich aber auch gut zum Eingefrieren.

Bauernbrot mit Olivenöl

Pa amb oli

Es wird erzählt, daß König Jaume I., der Eroberer, auf einem seiner Streifzüge hungrig bei einem Bauern einkehrte. Der Bauer setzte ihm, wie auf dem Lande in Mallorca üblich, ungesalzenes Brot, Öl, Salz, Tomaten und Knoblauch vor. Mit großem Appetit aß König Jaume davon und äußerte befriedigt: „Ben dinat", „gut gegessen". Später wurde an diesem Ort Schloß Bendinat errichtet.

Pa amb oli (sprich: Pamboli) nennt man das ungesalzene Bauernbrot aus dunklem Weizenmehl (siehe Seite 68), wenn die Brotscheiben mit Olivenöl beträufelt und mit Salz bestreut werden.

Pa amb oli i tomàtiga: Die so vorbereiteten Brotscheiben werden mit Tomaten belegt oder mit Tomatenmus (siehe Seite 25) bestrichen.

Pa amb cuixot: Bei dieser Variante wird zusätzlich eine Scheibe luftgetrockneter Landschinken *(serrano)* auf die Brotscheiben gelegt.

Pa torrat wird mit Vorliebe zu Fischsuppen und Eintöpfen gereicht. Man kann dafür jede Brotsorte verwenden, das Brot muß mindestens 2 Tage alt sein. Es wird nach dem Rösten mit Knoblauch eingerieben und mit Olivenöl beträufelt. Es kann auch noch mit einer reifen Tomate eingerieben oder mit Tomatenmus (siehe Seite 25) bestrichen werden. Anschließend wird das belegte Brot gegrillt.
Bauernbrot serviert man auf Mallorca stets mit grünen Oliven und scharfen, in Streifen geschnittenen Pfefferschoten.

Brotsuppe mit Gemüse

Sopes

Sopes ist keine Suppe, sondern ein dicker Eintopf, der in der inseltypischen Tonform, der Greixonera, serviert wird. Sie ist mit dünnen Bauernbrotscheiben, den *sopes,* ausgekleidet, die den Saft der Zutaten aufnehmen.

Für 8 Personen:
150 g altbackenes Holzofenbrot, 1/4 Liter Olivenöl, 1/2 Blumenkohl, 1 große Zwiebel, 1 rote Paprikaschote, 1 1/2 kg junger Wirsing, 1 kg Freilandspinat, 250 g Brechbohnen, 4 Tomaten, 3 Artischocken, 1 Knoblauchknolle, 250 g Erbsen, 1 Brühwürfel, 1 TL Paprika, 1 Bund Petersilie, Salz

Brot in hauchdünnen Scheiben in eine große Greixonera legen, mit 2 EL Öl beträufeln und beiseite stellen. Blumenkohl etwa 20 Minuten weichkochen, so daß er noch Biß hat. Zwiebel in Scheiben, Paprika in schmale Streifen, Kohl und Spinat in breite Streifen, Bohnen 3 cm lang schneiden. Tomaten schälen, kleinwürfeln, Artischockenböden herausschneiden und vierteln. Das restliche Öl erhitzen und die Zwiebel, Knoblauchknolle und Tomaten anbraten, Wirsing, Bohnen, Artischocken, Erbsen und Spinat zugeben und jeweils gut durchschmoren, 1 Liter Wasser zugießen. Aufkochen, bei kleiner Hitze 1/2 Stunde köcheln lassen. Knoblauch herausnehmen. Paprika und Blumenkohlröschen (einige zurückbehalten) dazugeben, 10 Minuten mitkochen. Gemüse herausschöpfen und auf das Brot geben. Die restliche Flüssigkeit mit dem Brühwürfel, Paprikapulver, kleingehackter Petersilie und Salz würzen. Über das Gemüse gießen und im vorgeheizten Ofen bei 175 °C mindestens 20 Minuten ziehen lassen, die Konsistenz muß dickflüssig sein. Mit der Knoblauchknolle und Blumenkohlröschen garnieren.

Eier à la Sóller

Ous a la sollerica

Die nach der mallorquinischen Hafenstadt Sóller benannten Eier auf delikatem Gemüsepüree werden auch auf dem spanischen Festland serviert. Da die Sobrassada, ein wichtiger Bestandteil dieses Gerichts, außerhalb Spaniens nur schwer erhältlich ist, kann man statt dessen eine kräftige, mit Paprika gewürzte Hartwurst verwenden, die sich gut ausbraten läßt.

4 große Karotten, 4 Stangen junger Lauch, 200 g frische Erbsen, Salz, 1 dl Fleischbrühe, grober schwarzer Pfeffer, Fett zum Fritieren, 8 Scheiben Sobrassada, 8 Eier

Karotten und Lauch putzen, in kleine Stücke schneiden und zusammen mit den Erbsen in einen großen Topf geben, salzen, mit der Brühe bedecken und etwa 20 Minuten weichkochen. Gemüse durch ein Sieb streichen (oder im Mixer pürieren), mit Pfeffer würzen, auf eine große Platte geben und warmstellen. Fett in einer Fritierpfanne erhitzen, die Wurstscheiben darin ausbraten und dekorativ auf dem Gemüsepüree verteilen. In das verbliebene Fett die Eier sanft hineingleiten lassen – sie müssen schwimmen können – und fritieren. Die Eiweiß dabei mit einem Holzlöffel über die Dotter stülpen. Mit einer Kelle herausheben und zwischen die Wurstscheiben auf die Platte legen.

LA MADONA
CARNICAS MALLORCA S.A.
INCA

Eintopf mit Hülsenfrüchten

Cuinat de llegum

Es ist ungewöhnlich, daß für ein Gericht gleich mehrere Sorten von Hülsenfrüchten Verwendung finden, aber es schmeckt überraschend gut: ein kulinarisches Erlebnis, nicht nur für Vegetarier!

200 g Linsen, 200 g Kichererbsen, 200 g frische Saubohnen, 200 g Stangenbohnen, 1 dl Öl, 500 g Tomaten, 1 1/4 Liter Fleischbrühe, Salz, Pfeffer, 5 Knoblauchzehen, 1 Bund Petersilie, 2–6 EL Essig je nach Geschmack

Linsen und Kichererbsen über Nacht getrennt einweichen. Am nächsten Tag die Hülsenfrüchte mit frischem Wasser getrennt aufsetzen, Linsen in 10 Minuten, Kichererbsen in ca. 50 Minuten weichkochen. Saubohnen gegebenenfalls auftauen und abtropfen lassen. Die Stangenbohnen in etwa 3 cm lange Stücke schneiden. 2 EL Öl in einer großen Eisenpfanne erhitzen und darin nacheinander die abgetropften Linsen und Kichererbsen anbraten. Anschließend in eine große Greixonera geben. Mit weiteren 2 EL Öl Saubohnen und Stangenbohnen anbraten und hinzufügen. Restliches Öl in der Pfanne erhitzen und die geschälten, kleingewürfelten Tomaten darin anbraten und ebenfalls zu den Hülsenfrüchten in die Greixonera geben. Mit der Brühe aufgießen, salzen und pfeffern. Im vorgeheizten Backofen bei 200 °C 1 Stunde schmoren. Geschälte Knoblauchzehen und Petersilie in einem Mörser zerstoßen und einrühren. Noch etwas köcheln lassen, bis das Gericht sämig wird. Zum Schluß Essig nach Geschmack zufügen.

Eintopf mit Reis

Arròs brut

Arròs brut heißt „schmutziger Reis“. Diesen Namen verdankt er der Blutwurst. Sie färbt ihn dunkel und darf in diesem Eintopf, der heute zu den einheimischen Spezialitäten zählt, nicht fehlen.

Für 6 Personen:
200 g Schweinelende, 200 g Kaninchenfleisch, 1/2 Huhn, 1 Taube oder 2 Wachteln, 50 g Sobrassada, 100 g frische Blutwurst, 3 EL Öl, 1 große Zwiebel, 6 Knoblauchzehen, 1 Pfefferschote (Chili), 2 Tomaten, 1 TL getrocknete Kräuter (Rosmarin und Thymian), 1 Sternanis, einige Safranfäden, Salz, Pfeffer, 100 g Brechbohnen, 100 g frische Erbsen, 2 Tassen Rundkornreis, 1/2 Bund Petersilie

Das Fleisch in ca. 4 × 4 cm große Stücke schneiden, grobe Knochen entfernen, Sobrassada würfeln, Blutwurst in Scheiben schneiden. Öl in einem großen Topf erhitzen und das Fleisch darin goldbraun anbraten. Bei kleiner Hitze Fleisch schmoren, bis das Fett ausgebraten ist. Fett bis auf einen Rest abgießen, Fond dabei nicht zerstören und darin nacheinander die kleingehackte Zwiebel, 4 zerstoßene Knoblauchzehen, die Pfefferschote, die Würste und die geschälten, kleingewürfelten Tomaten anbraten. 2 Tassen Wasser aufgießen, Kräuter, Sternanis und Safran hineingeben. Eintopf bis zur doppelten Menge mit Wasser aufgießen und würzen. Bohnen brechen und mit den Erbsen dazugeben. 10 Minuten kochen. Alles in eine große Greixonera füllen, den Reis einrühren und im vorgeheizten Backofen bei 200 °C ca. 20 Minuten köcheln, so daß der Eintopf suppig bleibt. Bei Bedarf Wasser zugießen. Vor dem Servieren Petersilie und restlichen Knoblauch zerstoßen und darüberstreuen.

Ente mit Oliven

Anec amb olives

Früher tummelten sich in den Wasserstellen der Insel unzählige Entenarten, die auf dem Flug nach Afrika hier eine Pause einlegten. Heute findet man Enten fast nur noch in der naturgeschützten Lagune von Albufera und die domestizierten Verwandten auf manchen Bauernhöfen. Für dieses Rezept verwendet man am besten eine gute Bauernente oder eine fleischige Flugente.

1 Ente (ca. 2 kg, mit Innereien), Salz, Pfeffer, 2 EL Öl, 2 Zwiebeln, 4 Knoblauchzehen, 2 Tomaten, 1 Lorbeerblatt, 2 Nelken, einige Zweiglein frische Kräuter (Thymian, Rosmarin, Majoran), 200 g grüne Oliven mit Stein, 1 Bund Petersilie

Herz und Leber der bratfertigen Ente beiseite legen, Ente mit Salz einreiben, mit Pfeffer würzen und in eine große Greixonera legen. 1 dl warmes Wasser dazugießen und die Ente im eigenen Fett im Backofen bei 180 °C gut 1 1/2 Stunden garen. Falls nötig, Fett abschöpfen. Das Öl in einer Eisenpfanne erhitzen und nacheinander die geviertelten Zwiebeln, die ungeschälten Knoblauchzehen, Herz, Leber und die geschälten, kleingewürfelten Tomaten anbraten. Kurz schmoren, mit 1 Tasse Wasser aufgießen und mit dem Lorbeerblatt, den Nelken und Kräutern in die Greixonera geben. Die Ente umdrehen und alles noch eine weitere 1/2 Stunde schmoren. Die Oliven halbieren und entkernen. Ente in Portionsstücke teilen und wieder in die Sauce legen. Oliven dazugeben, kleingehackte Petersilie darüberstreuen und alles noch 10 Minuten im Ofen schmoren.

Entrecôte mit Aprikosenpüree

Entrecot amb pure d'albercocs

Das blumige Aroma reifer Aprikosen und ihre zarte Säure bilden einen angenehmen Kontrast zu herzhaften Gerichten wie hier zum Entrecôte. Auf Mallorca wird es sowohl vom Rind als auch vom Kalb zubereitet. Das besonders saftige Fleisch aus dem Zwischenrippenstück darf erst nach dem Braten gewürzt werden. Die dicken Scheiben werden vor dem Servieren schräg aufgeschnitten.

500 g reife Aprikosen, 1/4 Liter trockener Weißwein, 2 Entrecôtes (je 400 g), 150 g durchwachsener, in dünne Scheiben geschnittener Speck, Salz, Pfeffer

Aprikosen halbieren, entkernen und in dem Weißwein weichkochen. Das Fleisch mit den Speckscheiben belegen und im vorgeheizten Backofen bei 250 °C 20 Minuten braten oder grillen, anschließend mit Salz und Pfeffer würzen. Aprikosen durch ein Sieb streichen und dabei die Schalen entfernen. Das fertige Fleisch mit dem aufgefangenen Bratensaft auf eine Platte geben und mit dem Aprikosenpüree garnieren. Dieses Gericht kann auch kalt serviert werden.

Fisch aus dem Ofen

Peix en es forn

Überall, wo in der Küche Mallorcas Rosinen verwendet werden, macht sich der Einfluß der Mauren bemerkbar. Daß die getrockneten Weinbeeren besonders gut mit Fisch harmonieren, zeigt dieses köstliche Gericht.

4 Kartoffeln, Öl zum Fritieren, 30 g Rosinen, 30 g Pinienkerne, 800 g Fischfilets (Kabeljau, Heilbutt oder Rotbarsch nach Wahl), 1 Zitrone, Salz, weißer Pfeffer, 4 Knoblauchzehen, 1/2 Bund Frühlingszwiebeln, 2 Tomaten, 1 kg Freilandspinat (oder Mangold), 1/2 Bund Petersilie, einige Safranfäden, 1/4 Liter trockener Weißwein

Kartoffeln in Scheiben schneiden, Öl in einer Fritierpfanne erhitzen. Die Kartoffeln darin goldgelb braten. Sind sie gar, den Boden einer feuerfesten Greixonera damit auslegen. Öl bis auf einen Rest abgießen und darin die Rosinen und Pinienkerne anrösten, herausnehmen und beiseite stellen. Fisch mit Zitronensaft einreiben, würzen und in dem verbliebenen Öl auf beiden Seiten goldgelb braten. Auf die Kartoffeln legen. Nach Geschmack den Fischsaft darübergießen. In einer zweiten Pfanne etwas Öl erhitzen und nacheinander den zerstoßenen Knoblauch, die in Scheiben geschnittenen Frühlingszwiebeln und geschälten, kleingewürfelten Tomaten anbraten. Spinat (oder Mangold) in Salzwasser blanchieren, grobe Stiele entfernen, kurz mitbraten. Gemüse über den Fisch geben, mit Rosinen, Pinienkernen und kleingehackter Petersilie bestreuen. Safran im Wein auflösen und dazugießen. In der Greixonera im Ofen bei 200 °C ca. 30 Minuten backen.

Altmallorquinische Fischsuppe

Sopa de peix

Es gibt viele Möglichkeiten, eine gute Fischsuppe zuzubereiten. Auf Mallorca gießt man die Fischbrühe über geröstete Brotscheiben und serviert den Fisch als zweiten Gang. Je mehr Fischsorten in der Suppe gekocht werden, desto besser wird die Brühe, ein paar Schalentiere erhöhen den Geschmack.

Für 6 Personen:

1 kg Mittelmeerfische und Schalentiere nach Wahl, Salz, einige Pfefferkörner, 2 Lorbeerblätter, einige Zweiglein frische Kräuter (Majoran, Minze, Fenchelkraut und Petersilie), 1 große Zwiebel, 4 Knoblauchzehen, 1 große Tomate, 2 EL Öl, 1/2 TL Edelsüßpaprika, einige Fenchelsamen, 1 unbehandelte Zitrone, einige Safranfäden, 2 dl Milch. Geröstetes Weißbrot und Knoblauchmayonnaise (siehe Seite 128)

Fische ausnehmen und mit den Schalentieren in 2 Liter Wasser kalt aufsetzen, salzen. Pfefferkörner, Lorbeerblätter und Kräuter dazugeben, zum Kochen bringen und ca. 10 Minuten sieden lassen, herausnehmen und warmstellen. Zwiebel, Knoblauchzehen und Tomate kleinhacken, nacheinander in heißem Öl gut anbraten und weichdünsten. Paprika, zerstoßene Fenchelsamen, abgeriebene Zitronenschale und Safran dazugeben, mit Milch aufgießen und in den Sud geben. Mehrere Scheiben Brot rösten, Knoblauch und Öl darübergeben und eine Suppenschüssel damit auslegen. Die Suppe aufkochen, abschmecken und durch ein Sieb über das Brot gießen. Sofort servieren. Die Fische und Schalentiere mit Zitronensaft und Knoblauchmayonnaise reichen.

„Gekochtes“

Bullit

Nach alter Tradition wird zu *bullit* ein Teller mit Granatäpfeln, Melonen und Trauben sowie eine Schale mit gerösteten Mandeln und Kartoffelküchlein gereicht. Dazu schmeckt ein kräftiger Rotwein, am besten vom Faß.

Für 8 Personen:
200 g Kichererbsen, 600 g Lammschulter, 1 großer Kalbsmarkknochen, durchgehackt, 50 g durchwachsener Speck, Salz, Pfeffer, 500 g Kartoffeln, 1 kg Wirsing, 1 große Zwiebel, 2 Tomaten, 100 g Sobrassada, 100 g Blutwurst, 1 Stück Sellerie, einige Safranfäden. Tomatenmus (siehe Seite 25), Olivenöl zum Beträufeln.
***Für die Suppe:** Reis oder Nudeln*

Kichererbsen über Nacht einweichen. Das Fleisch in große Würfel schneiden und mit dem Knochen, den Kichererbsen und dem Speck in 3 Liter Wasser aufsetzen, würzen, aufkochen, bei kleiner Hitze 1 Stunde köcheln lassen. Die Kartoffeln schälen und vierteln, Wirsing von groben Blättern und vom Strunk befreien, in breite Streifen schneiden. Zwiebel achteln, Tomaten schälen und kleinhacken, Sobrassada kleinwürfeln, Blutwurst in Scheiben schneiden. Alles mit der Sellerie und Safran in die Suppe geben, aufkochen und eine weitere 1/2 Stunde köcheln lassen. Fleisch und Gemüse herausschöpfen und auf einer Platte anrichten. Tomatenmus auf das Fleisch geben, über das Gemüse Olivenöl träufeln. Knochen mit dem Mark auf einem Teller reichen. Brühe durch ein Sieb in einen zweiten Topf abgießen und nach Geschmack Reis oder Nudeln einkochen. Die Suppe als zweiten Gang reichen.

Geschmortes Gemüse

Sofrit

Sofrit ist das Herzstück vieler mallorquinischer Gerichte. Die Hausfrauen bereiten es auf Vorrat zu, weil es sich so vielseitig verwenden läßt: in erster Linie als Beilage zu Fleisch- und Fischgerichten, aber auch als Grundlage verschiedener Saucen. Dann allerdings wird es nur mit Zwiebeln, Knoblauch und Tomaten, also ohne Paprikaschoten zubereitet.

1 große Gemüsezwiebel, 2 hellgrüne Spitzpaprika (römische Sorte), 2 große Tomaten, 2 EL Olivenöl, 4 Knoblauchzehen.
***Für die Würze:** 2 Knoblauchzehen, 1/2 Brühwürfel, 1/2 Bund Petersilie, Salz, Pfeffer*

Zwiebel quer durchschneiden, achteln und die einzelnen Zwiebelschichten in Plättchen abheben. Paprika in 2 cm große Quadrate, geschälte Tomaten in 1 cm große Würfel schneiden. Öl in einer Eisenpfanne erhitzen und die Zwiebel, die 4 geschälten Knoblauchzehen, die Paprika und die Tomaten anbraten und ca. 10 Minuten weichdünsten, so daß sie noch Biß haben.

Für die Würze: Die Knoblauchzehen, den Brühwürfel und die Petersilie in einem Mörser zerstoßen und in das Gemüse kurz vor dem Servieren einrühren. Mit Salz und Pfeffer würzen. Wird das Gemüse eingefroren, würzt man es erst nach dem Auftauen.

Gemüseblechkuchen

Coca de verdura

Coques sind flache Hefeblechkuchen, die mit verschiedenen Gemüsen oder Salaten belegt werden. Mit Sardinen garniert, wird sie *coca amb pinxes* genannt.

Teig: *500 g Mehl, 40 g Hefe, 1/2 TL Zucker, 2 dl Wasser, 100 g Schweineschmalz, 1 Ei, 1 dl Öl.*
Belag: *1 kg Mangold, Salz, 1 Bund Frühlingszwiebeln, 4 Knoblauchzehen, 1 TL Rosenpaprika, Pfeffer, 1 dl Öl, 1 Bund Petersilie, 1 rote Paprika.*
Sardinen-Coca: *8–10 kleine Sardinen, 2 EL Öl, Salz*

Teig: Zwei Drittel des Mehles in eine Schüssel geben, Mulde machen und die Hefe mit Zucker und etwas lauwarmem Wasser darin auflösen. Zugedeckt ca. 20 Minuten an einem warmen Ort gehen lassen. Schmalz und Ei im restlichen lauwarmen Wasser auflösen und dazugeben. Restliches Mehl mit dem Teig nach und nach verkneten. Finger dabei in Öl tauchen. Zugedeckt an einem warmen Ort gehen lassen, bis der Teig die doppelte Höhe erreicht hat.

Belag: Vom Mangold harte Stiele entfernen, in Streifen schneiden, einsalzen, kurz ziehen lassen und alles Wasser herauspressen. Zwiebeln in feine Streifen schneiden, Knoblauch kleinhacken und mit dem Mangold, Paprika und Pfeffer vermischen. Teig auf dem geölten Backblech ausrollen, Rand formen, mit dem Gemüse belegen, kleingehackte Petersilie und die in kleine Quadrate geschnittene Paprikaschote darauf verteilen. Mit Öl beträufeln und im vorgeheizten Ofen bei 225 °C ca. 30 Minuten backen.

Sardinen-Coca: Sardinen putzen, einölen, salzen und auf der Coca verteilen. Vor dem Herausnehmen kurz übergrillen.

Hackfleischbällchen

Pilotes

Hackfleischgerichte, auf der ganzen Welt beliebt, finden sich natürlich auch in der mallorquinischen Küche. Ganz „typisch" ist es, wenn ein *sofrit* und fritierte oder gekochte Kartoffeln dazu gereicht werden. Über gekochte Kartoffeln werden als i-Tüpfelchen zum Schluß geröstete Pinienkerne und gehackte Petersilie gestreut.

1 altes Brötchen, 1 dl trockener Weißwein, 1 Zwiebel, 4 Knoblauchzehen, je 1 Zweiglein frische Kräuter (Petersilie, Minze und Majoran; ersatzweise getrocknet), 400 g Lammfleisch und 100 g Sobrassada, zusammen zweimal durchgedreht, 1 Ei, 1/2 Brühwürfel, Salz, Pfeffer, Paniermehl, Fett zum Fritieren

Brötchen in der Hälfte des Weines einweichen. Zwiebel, Knoblauchzehen und Kräuter kleinhacken und mit dem Hackfleisch, dem Ei, dem ausgedrückten Brötchen, dem in wenig Wasser aufgelösten Brühwürfel, Salz und Pfeffer gut vermengen. Bällchen von ca. 4 cm Durchmesser formen, indem man die Finger jeweils in den restlichen Wein taucht. Etwas Paniermehl in ein Glas füllen und immer nur ein Bällchen darin drehen, bis es mit Paniermehl bedeckt ist und seine endgültige runde Form erhält. Fett in einer Fritierpfanne erhitzen, die *pilotes* darin bräunen und sie dabei mit einer Gabel öfters vorsichtig wenden.

UTIEL
12°

Hefeschnecken

Ensaïmades

Sie nennen sie *la reina de nostros postos,* die Königin unserer Insel. Auf die *ensaïmada* sind die Mallorquiner besonders stolz, denn es ist schwer, sie zu kopieren.

500 g Mehl, 40 g Hefe, 1 Prise Salz, 1 Prise Zucker, 1/4 Liter Wasser, 2 Eier, 100 g Puderzucker, ca. 250 g Schweineschmalz, Puderzucker zum Bestäuben

In dem Mehl eine Mulde machen, die Hefe mit Salz, Zucker und etwas lauwarmem Wasser darin auflösen. Zugedeckt an einem warmen Ort ca. 20 Minuten gehen lassen. Eier im restlichen lauwarmen Wasser verrühren und mit dem Puderzucker, 100 g Schmalz und dem Mehl verkneten. Teig in kleine Stücke schneiden, wieder zusammenkneten. Mehrmals wiederholen, bis er sehr weich und glatt ist. Zugedeckt an einem warmen Ort bis zur doppelten Größe gehen lassen. Ausrollen. 1 EL Schmalz in die Mitte legen, Teig von zwei Seiten zusammenklappen, ausrollen, Vorgang mit einem weiteren Stück Schmalz wiederholen. Ca. 20 Minuten gehen lassen. Ausrollen und in 12 Stücke schneiden. Jedes Teil auf ca. 20 × 35 cm hauchdünn ausrollen, etwa 1 TL Schmalz aufstreichen. Teiglappen der Länge nach schräg einrollen und drehen, so daß er nach unten hin schlanker wird. Die spiralförmig gerollten Teigstücke auf das bemehlte Backblech legen, mit dem dickeren Ende beginnen und zwischen den Spiralen Luft lassen. Dünnes Ende unter die Schnecke legen. 20 Minuten gehen lassen. Mit Wasser bestreichen und bei 225 °C ca. 20 Minuten backen. Auf den Boden des Ofens einen Topf Wasser stellen. Wenn es dampft, zwischen Tür und Ofen einen Kochlöffel stecken. *Ensaïmades* dick mit Puderzucker bestreuen und warm servieren.

JAIME ALEMANY
ESPECIALIDAD EN ENSAIMADAS PARA LA EXPORTACION
PALMA DE MALLORCA
PERITIVO

Heilbutt mit Wirsing

Anfós amb col

Rezepte mit *col*, einer Krautsorte, die zwischen unserem Weißkohl und Wirsing angesiedelt ist, gehören zu den Klassikern der Inselküche. Man kombiniert *col* nicht nur mit Fleisch, sondern sogar mit Fisch, in jedem Fall führt es zu köstlichen Ergebnissen. Für welche Kohlsorte man sich auch entscheiden mag, junger Wirsing kommt dem typischen Geschmack am nächsten.

8 große Wirsingblätter, Salz, 8 Scheiben Heilbutt à 100 g, Pfeffer, 3 EL Öl, 50 g Blutwurst, 50 g Sobrassada, 30 g Pinienkerne, 30 g Rosinen, 1 große Zwiebel, 4 Knoblauchzehen, 1 große Tomate, 1/2 TL milder Paprika, 1/4 Liter herber Weißwein

Wirsingblätter in Salzwasser blanchieren und abtropfen lassen. Heilbuttscheiben mit Salz und Pfeffer würzen. Öl in einer großen Eisenpfanne erhitzen und den Fisch darin rundherum anbraten. Kohlblätter auf dem Tisch ausbreiten, je eine Scheibe Heilbutt darauf legen und auf jede Scheibe etwas kleingewürfelte Blutwurst und Sobrassada geben. Heilbuttscheiben mit dem Kohlblatt einwickeln und zubinden. Die Stücke in eine Greixonera geben und warmhalten. In dem restlichen Öl zuerst die Pinienkerne und Rosinen anbraten, wieder herausnehmen, dann nacheinander die kleingehackte Zwiebel, die ganzen Knoblauchzehen und die geschälte und kleingewürfelte Tomate anbraten. Rosinen und Pinienkerne dazugeben, mit Paprika würzen. Mit Wein aufgießen, einmal aufkochen lassen und das Ganze über den Heilbutt gießen. Im Backofen bei 175 °C ca. 30 Minuten schmoren.

Huhn und Hummerkrabben

Pollastre i gambes

Kulinarisches aus dem Meer und vom Bauernhof verbindet sich oft in der spanischen Küche. Man denke dabei nur an die Paella. Einen weiteren Beweis liefert dieses mallorquinische Rezept – eine Komposition, die den Gaumen überrascht.

3 EL Öl, Salz, Pfeffer, 4 Hühnerbrüste, 50 g fetter Speck, 50 g Sobrassada, 1 Zwiebel, 4 Knoblauchzehen, 30 g geschälte Mandeln, 30 g Rosinen, 1 Apfel, 1/4 Liter Weißwein, 3 Kartoffeln, Fett zum Fritieren, 12 Hummerkrabben

Öl in einer großen Eisenpfanne erhitzen und die gewürzten Hühnerbrüste darin goldgelb anbraten. In einer großen Greixonera warmhalten. In dem verbliebenen Öl nacheinander den kleingewürfelten Speck, die kleingewürfelte Sobrassada, die feingehackte Zwiebel, den zerstoßenen Knoblauch und die Mandeln, die entstielten, gewaschenen Rosinen sowie den geschälten, kleingeschnittenen Apfel gut anbraten und alles 10 Minuten schmoren lassen. Die Hälfte des Bratgutes herausschöpfen, abtropfen lassen und pürieren. Die andere Hälfte in die Greixonera geben. Überschüssiges Fett aus der Pfanne abgießen. Bratensatz mit dem Wein aufgießen, pürierte Sauce dazugeben, aufkochen, nach Geschmack nachwürzen. Über das Hühnerfleisch gießen und alles im Backofen bei 200 °C 20 Minuten schmoren. Kartoffeln in breite Stifte schneiden und hellgelb fritieren. Zu dem Hühnerfleisch in die Sauce geben, Hummerkrabben dazulegen und alles noch 10 Minuten im Ofen ziehen lassen.

Huhn mit Mandeln

Escaldums

Escaldums ist ein Zauberwort der mallorquinischen Küche, hinter dem sich ein köstlicher Hühnertopf mit Kartoffeln und Mandeln verbirgt. Zu besonderen Anlässen, wie den Festtagen am Jahresende, wird er auch als *escaldums d'indiot* mit einer Pute zubereitet.

Für 4–6 Personen:
1 Huhn (ca. 1,2 kg), Salz, Pfeffer, Mehl zum Bestäuben, 3 EL Öl, 4 Kartoffeln, Fett zum Fritieren, 2 Zwiebeln, 6 Knoblauchzehen, 1 große Tomate, einige Safranfäden, 1 Lorbeerblatt, 1/2 TL getrocknete Kräuter (Majoran und Thymian), 100 g geschälte und gehackte Mandeln, 2 dl trockener Weißwein, 2 dl Milch, frische Kräuter (Minze und Petersilie), 2 cl Sherry oloroso

Huhn in 4–6 Stücke zerteilen, von gröberen Knochen befreien, würzen und mit Mehl bestäuben. Öl erhitzen und das Huhn goldbraun anbraten. 20 Minuten schmoren, bis alles Fett ausgebraten ist. Die in breite Stifte geschnittenen Kartoffeln hellgelb fritieren und mit den Hühnerteilen in einer großen Greixonera warmstellen. Fett aus der Pfanne abgießen und in dem verbliebenen Rest nacheinander die kleingehackten Zwiebeln, 4 zerstoßene Knoblauchzehen und die geschälte, kleingewürfelte Tomate gut anbraten. Safran, Lorbeerblatt, trockene Kräuter und die Mandeln dazugeben, mit Weißwein und Milch aufgießen. Über das Huhn geben und im Backofen bei 200 °C 20 Minuten schmoren. Restliche Knoblauchzehen und frische Kräuter zerstoßen, zusammen mit dem Sherry 10 Minuten vor dem Servieren in die Sauce einrühren.

FENICI
BODEGAS DE LOS IN
ORLEANS-BO
70 cl.
DRY OLORO
SHERRY

Hühnerleber mit Ei

Ous amb fetge de pollastre

Phantasievoll geht die mallorquinische Hausfrau mit Resten um, wie man an diesem Rezept erkennen kann: ein preiswertes Zwischengericht, das sich zur Verwertung hartgekochter Ostereier anbietet.

Für 2 Personen:
4 Eier, 250 g Hühnerleber, 2 EL Schweineschmalz, Salz, 2 ganze Frühlingszwiebeln, 2 Knoblauchzehen, 1/4 Liter Hühnerbrühe (oder Brühwürfel auflösen), Pfeffer, 1 Messerspitze Muskat, 1 TL Speisestärke, Schnittlauch

Eier hartkochen und feinhacken. Die Leber in kleine Stücke schneiden, 1 EL Schmalz in einer Eisenpfanne erhitzen und die Leber darin anbraten. In eine mittelgroße Greixonera geben, Eier darüberstreuen, leicht salzen und warmstellen. In der gesäuberten Pfanne das restliche Schmalz erhitzen und die kleingehackten Zwiebeln und Knoblauchzehen darin anbraten und weichdünsten. Mit Brühe aufgießen, Salz, Pfeffer und Muskat dazugeben. Aufkochen lassen und die aufgelöste Speisestärke einrühren. Nochmals aufkochen und Sauce über die Leber und die Eier gießen. Im Backofen bei 220 °C ca. 15 Minuten gratinieren. Vor dem Servieren mit Schnittlauch bestreuen.

DULCES
MALLORCA
SUAU
N. 1603
PALMA DE MALLORCA

Hummerkrabben „ohne Öl"

Gambes „sense oli"

Eine besonders bekömmliche und delikate Art, *gambes* zuzubereiten, ist das Garen in Meersalz, denn dabei bleiben sie besonders zart und saftig. Nachdem die Hummerkrabben vom Salz befreit und ausgepult wurden, tunkt man sie in *allioli* (Knoblauchmayonnaise, siehe Seite 128) oder eine andere pikante Sauce.

16–24 Hummerkrabben (je nach Größe 4–6 Stück pro Person), 4 Knoblauchzehen, 1 Bund Petersilie, 1 kg Meersalz

Hummerkrabben auftauen und abtrocknen. Die Knoblauchzehen und die Petersilie zerstoßen und die Hummerkrabben darin wälzen. Eine Greixonera oder ein Backblech fingerdick mit Meersalz bestreuen. Hummerkrabben auf dem Salz verteilen und wiederum fingerdick mit Salz bedecken. Im Backofen bei 250 °C, je nach Größe der Hummerkrabben, 20–30 Minuten garen. Krabben im Salz auf den Tisch bringen. So bleiben sie auch schön heiß.

Innereienpfanne

Frit

Wenn ein Lamm geschlachtet wird, geht es darum, möglichst viel davon zu verarbeiten. Im *frit* werden die Innereien auf leckere Art kulinarisch verwertet. Wahlweise nimmt man Leber, Herz, Milz und Lunge – niemals Nieren. Neben verschiedenen Gemüsen gibt vor allem der Fenchel diesem Gericht seinen typischen Geschmack.

Öl zum Fritieren, 4 Kartoffeln, 800 g Innereien vom Lamm, 4 EL Öl, 5 Knoblauchzehen, 1 Bund Frühlingszwiebeln (oder junger Lauch), 100 g frische Erbsen, 1 Lorbeerblatt, einige Safranfäden, Salz, Pfeffer, einige Zweiglein Fenchelkraut

Öl im Fritiertopf erhitzen und die in Stifte geschnittenen Kartoffeln darin hellbraun fritieren. Abtropfen lassen und warmstellen. Die Innereien in schmale Streifen schneiden, 2 EL Öl erhitzen und, der Garzeit entsprechend, nacheinander Herz, Lunge, Leber und Milz scharf anbraten und weichdünsten. Herausnehmen und warmstellen. Mit dem restlichen Öl (gegebenenfalls etwas nachgießen) nacheinander die zerstoßenen Knoblauchzehen, in Scheiben geschnittenen Frühlingszwiebeln (oder den Lauch), die Erbsen und das Lorbeerblatt anbraten, Safran dazugeben und alles ca. 10 Minuten weichdünsten. Kartoffeln und Innereien hinzufügen, mit Salz und Pfeffer würzen, kleingehacktes Fenchelkraut dazugeben und alles vermengen. Das Ganze bei kleiner Hitze noch 10 Minuten zugedeckt ziehen lassen. Vor dem Servieren das überschüssige Fett abgießen.

Kalbfleisch mit Früchten und Kichererbsen

Borret

Zartes Kalbfleisch verträgt sich gut mit dem Aroma frischer Früchte. Die besten stammen auf Mallorca aus dem malerischen Dorf Orient, wo im Schutz der Berge und dank des unterirdischen Wasserreichtums Äpfel, Pfirsiche und Kirschen wunderbar gedeihen. Die Kichererbsen mit ihrem nußartigen Geschmack sind eine raffinierte Zutat für dieses leckere Gericht.

100 g trockene Kichererbsen (oder 150 g gekochte aus dem Glas), 600 g Kalbfleisch (Bug, Schulter), Salz, weißer Pfeffer, 2 EL Schweineschmalz, 1 Knoblauchknolle, 1 Lorbeerblatt, 1 Zweig frischer Majoran (ersatzweise 1/2 TL getrockneter), 1/4 Liter Fleischbrühe, 3 Aprikosen, 1 Handvoll Kirschen, 1 Birne

Getrocknete Kichererbsen über Nacht einweichen. Am nächsten Tag mit frischem Wasser aufsetzen und 50 Minuten kochen lassen. Fleisch in große Stücke schneiden, mit Salz und Pfeffer würzen, Schmalz in einem Topf erhitzen und die Teile rundherum anbraten. Anschließend die Knoblauchknolle, das Lorbeerblatt und Majoran dazugeben und mit der Brühe aufgießen. Alles in eine große Greixonera geben und im vorgeheizten Backofen bei 200 °C ca. 40 Minuten schmoren lassen. Die weiche Knoblauchknolle herausnehmen. Die Kichererbsen dazugeben und alles weitere 20 Minuten schmoren. Aprikosen in etwas Wasser halbweich kochen, vierteln, schälen, entsteinen, Kirschen und Birne entkernen, Birne würfeln. Früchte in der Sauce noch 10 Minuten ziehen lassen. Beim Servieren mit der Knoblauchknolle dekorieren.

Kalbfleisch in Mandelsauce

Ofagat

Ihre Saucen binden die Mallorquinerinnen nur sehr selten mit Mehl, sondern sie verwenden Mandeln, die seit der Herrschaft der Mauren zum festen Bestandteil vieler Rezepte wurden. Gehackt, zerstoßen oder gemahlen, verleihen sie den Gerichten nicht nur Geschmack, sondern auch Konsistenz.

600 g Kalbfleisch (ausgelöste Haxe), Salz, weißer Pfeffer, 2 EL Schweineschmalz, 1 TL Edelsüßpaprika, je 1 Messerspitze Majoran und Thymian, 2 Nelken, 4 Kartoffeln, Fett zum Fritieren, 150 g geschälte Mandeln, Saft von 4 Orangen

Fleisch in große Stücke schneiden, mit Salz und Pfeffer würzen, Schmalz in einer großen Eisenpfanne erhitzen und das Fleisch rundherum anbraten. Gewürze und die zerstoßenen Nelken dazugeben. Mit 2 Tassen Wasser löschen und alles in eine große Greixonera geben. Im vorgeheizten Backofen bei 200 °C 1 Stunde schmoren lassen. Die Kartoffeln in breite Stifte schneiden, Fett in der Fritierpfanne erhitzen und hellgelb fritieren. Abtropfen lassen. Mandeln mahlen und mit dem Orangensaft in die Sauce einrühren. Weitere 20 Minuten schmoren. Kartoffeln 10 Minuten vor dem Servieren in die Sauce legen und noch etwas mitschmoren lassen. Nicht mehr mit Flüssigkeit aufgießen, denn die Sauce soll dickflüssig sein.

Kalbszunge in Kapernsauce

Llengua de vedella amb tàperes

Kapern wachsen auf Mallorca wild an Straßenrändern, Hecken und Mauern oder kultiviert zwischen Weinstöcken wie bei Felanitx. Gesammelt werden die geschlossenen Knospen des Kapernstrauches um die Jahreswende. Je kleiner, desto feiner und wertvoller sind sie.

1–2 Kalbszungen (insgesamt ca. 800 g), 50 g Sobrassada, 2 EL Öl, Salz, 1 große Zwiebel, 4 Knoblauchzehen, 2 Lorbeerblätter, 2 Nelken, Pfefferkörner, 1 Zimtstange, einige Safranfäden, 4–5 Kartoffeln.
***Sauce:** 2 EL Schweineschmalz, 2 EL Speisestärke, 1 dl Milch, 30 g Kapern (in Essig eingelegt), einige Zweiglein frische Kräuter (Fenchelkraut, Kerbel, ersatzweise Petersilie)*

In einem großen Topf die Zunge und die in Scheiben geschnittene Sobrassada in heißem Öl anbraten. Mit 1/2 Liter Wasser aufgießen, salzen. Die in Scheiben geschnittene Zwiebel, die zerstoßenen Knoblauchzehen und die Gewürze dazugeben und alles ca. 1 1/2 Stunden kochen. Kartoffeln schälen, vierteln und die restlichen 20 Minuten mitkochen. Die Zunge mit kaltem Wasser abschrecken, schälen, in dicke Scheiben schneiden und in einer Greixonera warmstellen. Kartoffeln, Zwiebeln und Sobrassadascheiben herausschöpfen und warmstellen. Getrennt servieren.

Sauce: Schmalz erhitzen, mit Speisestärke eine helle Einbrenne machen, mit etwa 1/4 Liter Sud und der Milch aufgießen, Kapern samt der Lake und die kleingehackten Kräutern dazugeben. Kurz aufkochen und über die Zungenscheiben gießen.

Mariniertes Kaninchen

Conill escabetxat

Es ist typisch für die Inselküche, daß viele Gerichte sowohl heiß als auch kalt gegessen werden können. Wird dieses Kaninchen kalt gewünscht, läßt man es bis zum Erkalten im Backofen, stellt es über Nacht zugedeckt in den Kühlschrank und belegt es vor dem Verzehr mit Orangenscheiben.

Für 4–6 Personen:
1 Kaninchen (1–1,2 kg), Salz, Pfeffer, Mehl zum Bestäuben, 4 EL Öl, 1 große Zwiebel, 1 Knoblauchknolle, 2 Tomaten, 2 Lorbeerblätter, 10 Pfefferkörner, 5 Wacholderbeeren, 2 Nelken, einige Safranfäden, 1 Messerspitze Zimt, 1/2 Liter herber Weißwein, 1 dl Rotweinessig, 1 Orange

Kaninchen in Portionsstücke teilen, mit Salz und Pfeffer würzen, mit Mehl bestäuben. Öl erhitzen und die Teile rundherum goldbraun anbraten. Bei kleiner Hitze Fett gut ausbraten. In einer großen Greixonera warmhalten. In eine zweite Pfanne etwas von dem restlichen Fett abgießen und darin nacheinander die in Scheiben geschnittene Zwiebel, die Knoblauchknolle und die geschälten, kleingewürfelten Tomaten anbraten. Lorbeerblätter, Pfefferkörner, Wacholderbeeren, Nelken, Safran und Zimt dazugeben, mit Wein und Essig aufgießen, aufkochen und über das Kaninchen gießen, bis es ganz mit Flüssigkeit bedeckt ist. Im Backofen bei 200 °C 1 Stunde schmoren. Die weiche Knoblauchknolle herausnehmen und beim Servieren obenauf legen. Mit Orangenscheiben garnieren.

Kaninchen mit Reis

Arròs amb conill

Seit die Araber den Zimt auf die Insel brachten, ist er aus der mallorquinischen Küche nicht mehr wegzudenken. Sein süßlich-würziger Geschmack wird häufig mit anderen süßen Aromen wie Nelken und Muskat vermischt. Sie geben auch diesem Kaninchenrezept seine aparte Note.

1 (Wild-)Kaninchen (800–1000 g, mit der Leber), Salz, Pfeffer, 3 EL Öl, 1 große Zwiebel, 4 Knoblauchzehen, 1 Lorbeerblatt, 1 Nelke, 1/2 TL Zimt, 1 Messerspitze Muskat, einige Safranfäden, 1 Brühwürfel, 3 Tassen Rundkornreis, 1/2 Bund Petersilie

Kaninchen in Portionsstücke zerteilen, mit Salz und Pfeffer würzen. Öl in einer großen Eisenpfanne erhitzen und zuerst die Kaninchenteile, dann die Leber rundherum goldbraun anbraten. Kaninchen in eine große Greixonera geben, Leber beiseite stellen. Die kleingehackte Zwiebel und 2 im Mörser zerstoßene Knoblauchzehen anbraten, Lorbeerblatt, Nelke, Zimt, Muskat, Safran und Brühwürfel dazugeben, mit ca. 1 dl Wasser ablöschen und über das Kaninchen gießen. Im vorgeheizten Backofen bei 200 °C 40 Minuten schmoren lassen. 30 Minuten vor Ende der Garzeit Reis in einem Topf kalt zusetzen, nach dem Aufkochen salzen und zugedeckt garziehen lassen. In einem Mörser die Leber, 2 Knoblauchzehen und Petersilie zerstoßen und kurz vor dem Servieren in die Sauce einrühren. Kaninchen in der Greixonera servieren und Reis am Rand anrichten.

Kapaun nach Art des Königs Jaume

Capó a lo Rei en Jaume

Der *capó* des Erobererkönigs durfte früher bei den Noblen von Mallorca auf keiner festlichen Tafel fehlen. Er zählt zu den Rezepten, die ihrer Originalität wegen nicht aussterben. Einen Kapaun bekommt man heute nicht ohne weiteres zu kaufen, doch erfüllt ein junger Masthahn denselben Zweck.

Für 6 Personen:
1 Masthahn (ca. 1,8 kg), Salz, Pfeffer, 2 EL Schweineschmalz, 1/4 Liter Fleischbrühe, 1 EL Öl, 1 große Zwiebel, 2 Tomaten, einige Safranfäden, 1/2 Bund Petersilie, 2 Knoblauchzehen.
Füllung: *50 g fetter Speck, 2 Kartoffeln, 2 EL Schweineschmalz, 30 g Rosinen, 30 g geschälte Mandeln, 50 g Sobrassada, 1 Ei, 1/4 TL Muskat, Salz, Pfeffer*

Zuerst die Füllung zubereiten: In einer Eisenpfanne die Speckwürfel und die kleingewürfelten Kartoffeln in heißem Schmalz goldgelb braten. In einer Schüssel mit den Rosinen, kleingehackten Mandeln, der kleingewürfelten Sobrassada, dem Ei, Muskat, Salz und Pfeffer vermengen.

Den bratfertigen Hahn damit füllen und zunähen. Mit Salz und Pfeffer würzen. Schmalz erhitzen und den Hahn darin rundherum anbraten. Mit der Brühe löschen, in eine Greixonera geben und im Backofen bei 200 °C 1 Stunde braten. Falls nötig, Fett abschöpfen. Das Öl in der Pfanne erhitzen, nacheinander die kleingehackte Zwiebel und die geschälten, kleingewürfelten Tomaten anbraten, Safran in wenig Wasser auflösen und alles zum Braten geben. Eine weitere Stunde schmoren. 10 Minuten vor Ende der Garzeit Petersilie und Knoblauchzehen zerstoßen und in die Sauce einrühren.

LA GIRALDA
SEVILLA

Kartoffelküchlein

Bunyols amb patates

Diese leckeren Krapfen erfreuen sich so großer Beliebtheit, daß man ihnen sogar ein Fest widmete: die *Festa des Bunyol* am 30. Oktober im Ort Petra. Man bäckt sie auch auf der ganzen Insel, zumal ein hübscher Brauch damit verbunden ist: Singen junge Männer am Abend des Festtages unter dem Balkon einer Familie, in der ein noch unverheiratetes Mädchen lebt, werden sie zu Wein und *bunyols* eingeladen.

500 g Kartoffeln, mehlig kochend, 250 g Mehl, 20 g Hefe, 50 g Zucker, ca. 1/4 Liter Wasser, 1 Eigelb, 1 dl Öl, Fett zum Fritieren, Zucker zum Eintauchen

Kartoffeln kochen, schälen, abkühlen lassen. Mehl in eine Schüssel geben, eine Mulde machen und darin die Hefe mit 1 Prise Zucker und etwas lauwarmem Wasser auflösen. Zugedeckt an einem warmen Ort ca. 20 Minuten gehen lassen. Kartoffeln durch ein Sieb drükken und mit dem Zucker in die Schüssel geben. Das Ei im restlichen lauwarmen Wasser auflösen und mit dem Öl zugeben, am besten mit der Hand vermengen und gut durchschlagen. Der Teig muß sehr weich sein (bei Bedarf Wassermenge erhöhen). Ca. 1 Stunde gehen lassen, bis er die doppelte Größe erreicht hat. Fett im Fritiertopf erhitzen. *Bunyols* formen, indem in die linke Handfläche etwas Teig gegeben und zwischen Zeigefinger und Daumen ein etwa walnußgroßes Teigstück herausgedrückt wird. Dieses mit den feuchten Fingern der rechten Hand abnehmen, mit Daumen und Mittelfinger ein Loch hineindrücken und in das heiße Fett gleiten lassen. Von beiden Seiten goldbraun fritieren. Abtropfen lassen und in Zucker wälzen.

Käsekuchen aus der Tonform

Greixonera de brossat

Seit die Römer ihre Tonformen auf die Insel brachten, gehören sie zum festen Bestandteil der mallorquinischen Kücheneinrichtung. In allen Größen stapeln sie sich in den Regalen: die bauchigen *ollas,* ideal für herzhafte Suppen, oder die flachen *greixoneras* für Schmorgerichte und Eintöpfe, aber auch für feine Kuchen wie diesen *brossat,* der seinen Namen vom mallorquinischen Quark erhielt. Besonders hübsch wird er in einigen Restaurants serviert: als Ein-Personen-Kuchen in einer kleinen Greixonera.

500 g Schichtkäse mit hoher Fettstufe, 200 g Zucker, 1 unbehandelte Zitrone, 2 Messerspitzen Zimt, 1 dl Milch, 5 Eier, Öl für die Form, Puderzucker zum Bestreuen

Schichtkäse in ein Tuch geben und ausdrükken oder über Nacht abtropfen lassen. Zukker, abgeriebene Zitronenschale, Zimt und Milch in eine Schüssel geben und so lange rühren, bis sich der Zucker vollkommen aufgelöst hat. Schichtkäse vorsichtig unterrühren, bis keine Klümpchen mehr vorhanden sind. Eier in einem weiteren Gefäß verquirlen und ebenfalls unterrühren. Die Masse in eine gefettete Greixonera von mittlerer Größe geben. Im vorgeheizten Backofen bei 175 °C 60–90 Minuten backen, da der sehr nasse Teig eine lange Backzeit benötigt. Nadelprobe machen. *Brossat* nach dem Erkalten mit Puderzucker bestreuen und in der Greixonera servieren.

Kekse aus Inca

Galetes d'Inca

Was wäre eine mallorquinische Mahlzeit ohne *galetes?* Die trockenen Kekse sind so beliebt wie Brot und werden zu jedem Gericht gereicht, ob es sich nun um einen Eintopf oder eine Zwischenmahlzeit handelt. Die Kekse können mit Wurst, Käse oder Sardellen belegt werden und auch mit Schokolade – oder man ißt sie ganz einfach, wie sie sind.

450 g Mehl, 40 g Hefe, 1 EL Honig, 1/4 Liter Milch, 1/2 TL Salz, 1/8 Liter Öl

Zwei Drittel des Mehles in eine Schüssel geben, eine Mulde machen und die zerbröckelte Hefe hineingeben. Honig in etwas lauwarmer Milch auflösen und über die Hefe gießen. Zugedeckt an einem warmen Ort ca. 20 Minuten gehen lassen. Das Salz, die restliche lauwarme Milch und das Öl (bis auf einen Rest für das Backblech) dazugeben und gut durchkneten, dabei das restliche Mehl einarbeiten, bis der Teig ziemlich fest ist und sich gut formen läßt. Teig 2 mm dick ausrollen.

Mit einem Glas von etwa 4 cm Durchmesser runde Kekse ausstechen. In die Mitte der Kekse mit einer Gabel Löcher stechen. Das übrige Teiggitter in eine Richtung abziehen, wobei die runden Kekse sich leicht oval formen. Kekse auf das eingeölte Backblech legen und aufgehen lassen, bis sie die doppelte Höhe erreicht haben. Im vorgeheizten Backofen bei 150 °C 30–40 Minuten goldgelb backen. Noch warm in eine verschließbare Blechdose geben. So halten sie monatelang.

Knoblauchmayonnaise

Allioli

Die Mayonnaise wurde nach Mahón, der Hauptstadt Menorcas, benannt, so steht es auch im Lexikon. Gibt man in die *salsa mahonesa* Knoblauch, so heißt sie auf Mallorquí *allioli,* das bedeutet Knoblauchöl. Sie wird zu gegrilltem oder gekochtem Fisch oder Fleisch serviert, zu Meerestieren und zu Schnecken oder – statt Butter – aufs Brot gestrichen.

2–3 Knoblauchzehen je nach Geschmack,
2 Eigelb, 1 Prise Salz, 2 dl Olivenöl

Knoblauchzehen schälen und im Mörser zu Brei zerstoßen. Die beiden Eigelb, Knoblauch und Salz in einen Rührbecher geben und mit einem Rührbesen so lange schlagen, bis die Eimasse hell und cremig ist. Danach das Öl tropfenweise zugießen und dabei ständig weiterrühren, damit die Masse nicht gerinnt. Weiteres Öl immer erst dann zugeben, wenn das vorherige Öl ganz aufgenommen wurde. Die Mayonnaise muß sehr steif werden. Falls sie zu dünn ist, 1 EL kochendes Wasser zugeben und dabei weiterschlagen. Ist sie zu dick, mit 1 EL kaltem Wasser oder mit Zitronensaft verdünnen.

Knoblauchsuppe

Pancuit

Eine mallorquinische Bauernweisheit besagt: „Im Juni gibt es frischen Knoblauch, und dann soll man das Leben wie frischen Knoblauch genießen und das Geld ausgeben, das man mit der ersten Ernte verdient. Denn mit dem Knoblauch ist es wie mit dem Geld. Alter Knoblauch ist ungenießbar, und lange gehortetes Geld bringt kein Vergnügen mehr.“ Mit dieser Suppe wird für den schnellen Verbrauch – des Knoblauchs – gesorgt. Sie trägt in Mallorca den Namen *pancuit,* gekochtes Brot.

2 Brötchen, 1/8 Liter Milch, 2 EL Öl, 8 Knoblauchzehen, 1 kleine Tomate, 1 1/4 Liter Fleischbrühe, 1 Pfefferschote (Chili), Salz, 1 TL scharfer Paprika, 2 Eier, 1/2 Bund Petersilie

Brötchen in lauwarmer Milch einweichen. Öl in einem großen Eisentopf erhitzen, die zerstoßenen Knoblauchzehen und die kleingehackte Tomate darin anbraten. Die ausgepreßten Brötchen dazugeben, große Rindenstücke vorher entfernen. Alles bei schwacher Hitze rösten und mit Brühe aufgießen. Pfefferschote hineingeben, salzen und ohne Deckel ca. 15 Minuten köcheln lassen, so daß sich die Flüssigkeit etwas reduziert. Suppe durch ein Sieb in einen zweiten Topf streichen, dabei die Knoblauchzehen und Tomatenschalen herausnehmen. Mit Paprika würzen, kurz aufkochen, vom Feuer nehmen, die mit einem Schneebesen verquirlten Eier einrühren und nochmals abschmecken. Vor dem Servieren nicht mehr aufkochen lassen. Mit gehackter Petersilie bestreuen.

Kokospudding

Flam amb coco

Durch eine Schicht Kokosflocken erhält der *flam,* bei uns unter dem französischen Namen *crème caramel* bekannt, eine neue Geschmacksnuance. Aber auch ohne diese Verfeinerung zählt der *flam,* der ja eigentlich gar keine Creme, sondern ein Pudding ist, in Spanien zum beliebtesten Dessert.

Für den Karamel: *6 EL Zucker, 6 EL Wasser, 6 TL Kokosflocken.*
Für den Pudding: *4 Eier, 4 EL Zucker, 1/2 Liter Milch, 1 Vanilleschote, 1/2 TL Zimt*

Für den Karamel: Zucker und Wasser in einer kleinen Pfanne erhitzen und so lange rühren, bis ein Teil des Wassers verdampft ist und der Zucker karamelisiert. Wird der Karamel zu braun, schmeckt er bitter. Heiß auf 6 Flam-Förmchen (oder kleine Tonschälchen) verteilen, dabei die Förmchen schwenken, so daß die Innenwände bis zu zwei Drittel mit Karamel bedeckt sind. Je 1 TL Kokosraspeln auf dem Karamel verteilen.

Für den Pudding: Eier und Zucker in einer Schüssel glattrühren. Die Milch aufkochen und langsam dazugießen. Dabei ständig rühren, jedoch nicht schaumig werden lassen, da die Masse sonst zusammenfällt. Ausgekratzte Vanille und Zimt in die Flüssigkeit geben. Förmchen mit heißem Pudding bis zum Rand füllen und in ein Bad mit kochendem Wasser setzen. Im vorgeheizten Backofen bei 180 °C ca. 40 Minuten stocken lassen. Messerprobe machen. Förmchen kaltstellen oder in ein Eisbad setzen. Den erkalteten *flam* vorsichtig mit einem spitzen Messer vom Rand lösen und stürzen.

Kürbismarmelade

Cabell d'àngel

Da die Kürbismarmelade viele zarte goldgelbe Fäserchen enthält, die aus dem Fruchtfleisch stammen, nennt man sie *cabell d'àngel* – Engelshaar. Beliebt ist sie als Füllung von Gebäck, vor allem der berühmten großen *ensaïmades* und der *robiols.* Die Marmelade kann man im Herbst und Winter, wenn die großen Kürbisse auf den Märkten angeboten werden, leicht selbst herstellen. Das Rezept ergibt ca. 5 Gläser à 370 Milliliter.

2 kg Kürbis, ca. 1,2 kg Zucker, Schale von 1 unbehandelten Orange

Kürbis halbieren, entkernen und die Fasern vorsichtig mit einer Holzgabel oder einem Holzspatel herauskratzen, damit sie nicht abreißen. (Weniger reifen Kürbis vorher in große Stücke schneiden und kurz blanchieren.) Fruchtmasse wiegen, in eine Schüssel geben und mit etwa der gleichen Menge Zukker (oder etwas weniger) und der Orangenschale vermengen. Zugedeckt über Nacht ziehen lassen. Am nächsten Tag in einem großen Topf zum Kochen bringen und mit der Holzgabel ständig rühren, damit die Marmelade nicht am Boden festhaftet. Hitze reduzieren und etwa 20 Minuten köcheln lassen, bis die Marmelade dickflüssig wird. Schale entfernen und Marmelade heiß in saubere Twist-off-Gläser füllen. Sofort verschrauben und auf den Kopf stellen, bis die Marmelade erkaltet ist.

Süße Lammpasteten

Panades de carn d'anyell dolçes

Die Hülle dieser Pasteten besteht aus einem süßen knusprigen Teig – ein Beweis für das harmonische Zusammenspiel von süß und salzig, den schon die Mauren antraten. Das Rezept ergibt ca. 10 Stück. Die Pasteten können sowohl warm als auch kalt gegessen werden.

***Füllung:** 1 kg mageres Lammfleisch, 50 g fetter Speck, 50 g Sobrassada, Salz, Pfeffer.*
***Teig:** 1 kg Mehl, 200 g Puderzucker, 2 dl Orangensaft, 3 Eigelb, 300 g Schweineschmalz, 1 dl Wasser, 1 dl Öl, Pergamentpapier*

Füllung: Lammfleisch, Speck und Sobrassada kleinschneiden, Fleisch mit Salz und Pfeffer würzen.
Teig: In zwei Drittel des Mehles die mit Puderzucker und Orangensaft verrührten Eigelb hineingeben und das flüssige Schmalz lauwarm dazugießen. Gut durchkneten und langsam Wasser und restliches Mehl (mehr oder weniger) einarbeiten, bis der Teig fest, aber noch formbar ist, Finger dabei in das Öl tauchen. Aus jeweils ca. 150 g eine Kugel formen, eine Mulde hineindrücken und Teig zwischen Daumen und Zeigefinger von innen heraus nach oben drücken, so daß ein rundes Schälchen mit 3–4 mm dicken Wänden entsteht. Dünne Stellen vermeiden. Pastete mit Fleisch und je 3 Würfeln Speck und Wurst füllen. Ca. 50 g Teig rund ausrollen, auf das Fleisch legen und Teigränder zusammendrükken, über den Zeigefinger einrollen und Verzierung herstellen. Um die *panades* randhoch (ca. 4 cm) Pergamentstreifen mit einer Nadel zusammenstecken. Im vorgeheizten Backofen bei ca. 100 °C 2 Stunden backen. Nach 1 Stunde mit der Gabel Löcher in den Teigdeckel stechen.

Lammschmorbraten

Rostit d'anyell

Abseits der Touristenzentren stößt man auf Mallorca immer wieder auf Bilder von biblischer Schönheit: Schafherden unter Olivenbäumen. Diese Begegnung mit einer jahrtausendealten Tradition findet in der Küche ihren kulinarischen Widerhall.

3 EL Schweineschmalz, Salz, Pfeffer, 1 kg Lammfleisch (Schulter oder Schlegel), je 1 Zweig Rosmarin und Thymian, 1 Knoblauchknolle, 8 kleine junge Zwiebeln, 3 Tomaten. ***Marinade:*** *2 Knoblauchzehen, Saft von 1/2 Zitrone, 2 cl spanischer Weinbrand, 1 EL Honig, 1 Brühwürfel, 1/2 TL zerstoßene Fenchelsamen.* ***Beilage:*** *4–5 Kartoffeln, 1 große Zwiebel, Fett zum Fritieren, Saft von 1/2 Zitrone, Salz*

2 EL Schmalz in einem großen Eisentopf erhitzen, das gewürzte Fleisch gut anbraten, mit Wasser löschen, Kräuter auf das Fleisch legen und im vorgeheizten Backofen bei 200 °C 1 Stunde braten. Zwischendurch Fett abschöpfen. 1 EL Schmalz in einer Eisenpfanne erhitzen, die Knoblauchknolle, die ganzen Zwiebeln und anschließend die geschälten, kleingewürfelten Tomaten anbraten, mit 1 Tasse Wasser aufgießen und alles zum Fleisch geben. Kräuter herausnehmen.

Marinade: Den zerstoßenen Knoblauch mit den restlichen Zutaten vermischen. Fleisch mit der Marinade öfter bestreichen und weitere 1 1/2 Stunden braten. Falls nötig, Sauce aufgießen. Weiche Knoblauchknolle herausnehmen.

Beilage: Kartoffeln in breite Stifte, Zwiebel in Scheiben schneiden, Fett erhitzen und alles nacheinander fritieren. Fett abgießen, mit dem Zitronensaft löschen. Salzen. Zugedeckt noch etwas dämpfen.

VINO DE MESA
7'5 cl.

Languste

Llagosta

Die Mallorquiner sind überzeugt, daß man die besten Langusten der Welt in Porto d'Alcúdia findet. Auch Festlandspanier kommen extra auf die Insel, um Langusten zu essen. Die Fangzeit der kostbaren Panzertiere dauert von Mitte Juni bis Mitte September.

Für 2 Personen:
1 Languste (800–1000 g), Salz, 1 dl Öl, 1 Zwiebel, 4 Knoblauchzehen, 4 Tomaten, 1 Pfefferschote (Chili), einige Safranfäden, 4 cl spanischer Weinbrand, einige Zweiglein Zitronenmelisse und Petersilie, 2 Zitronen

Languste zusammenbinden (gefrorene, rohe Languste vorher auftauen) und mit dem Kopf nach unten in kochendes Salzwasser geben, 5 Minuten kochen. Herausnehmen und abkühlen lassen. Languste längs mit einem Messer halbieren, Innereien dabei sorgfältig entfernen. In ca. 6 cm lange Stücke schneiden, Beine und Fühler dabei ganz lassen. Öl in einer großen Eisenpfanne erhitzen und die Stücke rundherum anbraten. In einer großen Greixonera warmstellen. In dem verbliebenen Öl nacheinander die kleingehackte Zwiebel, die Knoblauchzehen und die geschälten, kleingewürfelten Tomaten anbraten, Pfefferschote und Safran dazugeben und mit etwas Wasser aufgießen. Alles über die Langustenteile geben und im vorgeheizten Backofen bei 200 °C ca. 20 Minuten schmoren lassen. Vor dem Servieren Pfefferschote entfernen, Weinbrand über die Langustenstücke gießen und mit den kleingehackten Kräutern bestreuen. Mit Zitronenvierteln dekorieren.

Solera Especial

Mandeleis

Gelat d'ametlla

Nirgends wird die Mandel so hofiert wie auf Mallorca. Zahllose Rezepte künden von ihrem Ruhm. So auch dieses Mandeleis, das man oft zusammen mit einem Stück Mandelkuchen, dem *gató,* serviert. Als es noch keine elektrische Kälteerzeugung gab, holten sich die Mallorquiner Eis aus den Bergen. Während der wenigen kalten Tage im Jahr sammelten sie Schnee in extra angelegten Häusern, stampften ihn in Löchern fest und bedeckten ihn mit Zweigen und Gras. So hielt sich das Eis wochenlang.

200 g Mandeln, 200 g Zucker, 1/4 Liter Wasser, 1/2 Liter Milch, 1 gestrichener TL Zimt, 1 unbehandelte Zitrone

Mandeln bis auf ein paar Stück schälen, alle Mandeln sehr fein mahlen. Zucker in einen Topf geben und mit etwas Wasser bedecken. Langsam erhitzen und ca. 20 Minuten rühren, bis ein Sirup entsteht. In einem zweiten Topf die Milch und das restliche Wasser erhitzen, Mandelmehl hineingeben und aufkochen lassen. Zuckersirup, Zimt, abgeriebene Zitronenschale und 2 EL Zitronensaft hinzufügen, nochmals aufkochen und in eine flache Schale füllen. Nach dem Abkühlen einfrieren. Stündlich umrühren, damit das Eis nicht zu fest wird und nicht kristallisiert. Nach etwa 4 Stunden kann das Eis serviert werden. Man kann es aber auch auf Vorrat eingefrieren.

Mandelgebäck mit Pinienkernen

Panellets amb pinyons

Panellets kann man heute auf Mallorca das ganze Jahr kaufen. Ursprünglich wurde dieses Mandelgebäck nur zu Allerheiligen hergestellt. Zu diesem Fest liegt es noch immer zu Bergen in den Auslagen der Konditoreien, dick gespickt oder belegt mit Pinienkernen. Meistens backen sie die mallorquinischen Hausfrauen aber selbst. Dieses Rezept ergibt etwa 40 Stück.

400 g geschälte Mandeln, 300 g Zucker, 2–3 Eier, 1 unbehandelte Zitrone, 1 gestrichener TL Zimt, 100 g Pinienkerne, Fett für das Backblech

Mandeln mahlen. Den Zucker zuerst mit nur 1 Ei verrühren, bis er sich ziemlich aufgelöst hat. Geriebene Zitronenschale, Zimt und Mandeln dazugeben und mit beiden Händen so lange verkneten, bis die Zutaten eine feste Masse ergeben. Reicht das Ei an Flüssigkeit nicht aus, vom zweiten Ei nur das Eigelb dazugeben. Von der Hälfte der Masse Kugeln in Walnußgröße formen, rundherum mit ganzen Pinienkernen belegen (etwa ein Drittel davon zurückbehalten) und auf das gefettete Backblech setzen. Mit Eigelb bestreichen, damit die Kerne haften. Restliche Pinienkerne grob hacken. Von der übrigen Masse kleine Brote formen und in den gehackten Pinienkernen wälzen. Auf das Backblech setzen. Die Brote müssen nicht bestrichen werden. Im vorgeheizten Backofen bei 250 °C 10–15 Minuten backen. Vorsicht: Die Plätzchen bräunen schnell und werden dann hart. Nach der halben Backzeit bereits eine Probe machen!

Mandelkuchen

Gató

Nach Valldemossa kommen die Touristen nicht nur wegen George Sand und Frédéric Chopin, sondern auch des vorzüglichen Mandelkuchens wegen, des *gató,* der dort beheimatet ist. Seine Berühmtheit reicht inzwischen weit über dieses Dorf hinaus.

6 Eier, 200 g Puderzucker, 1 Vanilleschote, Schale von 1 unbehandelten Zitrone, 1 gestrichener TL Zimt, 200 g geschälte Mandeln, Öl zum Bestreichen der Form

Eier trennen, die Eigelb mit dem Puderzucker so lange rühren, bis eine glatte Masse entsteht. Ausgekratzte Vanille, geriebene Zitronenschale und Zimt dazugeben. Mandeln fein mahlen und unterrühren. Die Eiweiß steifschlagen und unterheben. Den Teig in eine geölte Springform mit mittlerem Durchmesser geben. Kuchen im vorgeheizten Backofen bei 175 °C 50–60 Minuten backen. Auf ein Kuchenblech stürzen und den erkalteten Mandelkuchen dick mit Puderzucker bestreuen.

Gedünsteter Mangold

Bledas ofegadas

Mangold inspiriert die Inselküche zu vielerlei Köstlichkeiten: Man füllt mit ihm Teigtaschen wie die *cocarrois* oder belegt *coques*, Gemüseblechkuchen, damit. Als Beilage ist er aber ebenso geschätzt. In der Gesellschaft dieses Gemüses finden sich meist die länglichen, weißen Pinienkerne, die aus den großen, runden Zapfen des Baumes gewonnen werden. Mangold gilt seit alters her als heilig und verbreitete sich von seiner Heimat, dem Kaukasus, im gesamten Mittelmeerraum aus.

1 kg Mangold, Salz, 2 EL Öl, 50 g Pinienkerne, 3 Knoblauchzehen, 50 g Rosinen, 1 große Tomate, 1 Lorbeerblatt, Pfeffer, 1 Messerspitze Muskat

Mangold putzen, von Stielen befreien, wenn sie sehr hart sind, und in Salzwasser blanchieren. Mit kaltem Wasser abschrecken und abtropfen lassen. Öl in einer Eisenpfanne erhitzen und darin die Pinienkerne und Knoblauchzehen, anschließend die gewaschenen und entstielten Rosinen anbraten. Sie müssen vorher nicht eingeweicht werden, da sie in dem heißen Fett aufgehen. Die geschälte und kleingewürfelte Tomate dazugeben und noch etwas schmoren lassen. Zum Schluß Lorbeerblatt und Mangold hinzufügen und alles ca. 15 Minuten bei kleiner Hitze dünsten. Mit Salz und Pfeffer würzen und mit Muskat abschmecken.

24

Nougat aus Eigelb und Mandeln

Torró de vermell d'ou

Torró wird auf den Balearen vor allem an Weihnachten hergestellt, wobei sich die Rezepte und Formen nicht nur von Ort zu Ort, sondern auch von Familie zu Familie unterscheiden. Man kann den Nougat kochen oder backen, aus ihm Würste drehen, Pralinen formen oder ihn in Scheiben schneiden.

500 g geschälte Mandeln, 400 g Zucker, 1 Vanilleschote, 1 unbehandelte Zitrone, 4–6 Eigelb, 1 große Oblate, Puderzucker zum Bestreuen

Mandeln mahlen. Zucker in einen Topf geben und mit wenig Wasser knapp bedecken. Langsam erhitzen, ca. 20 Minuten unter Rühren köcheln lassen, bis sich kleine Perlen zeigen und ein Sirup entsteht. Ausgekratzte Vanille, abgeriebene Zitronenschale sowie die Mandeln dazugeben und aufkochen lassen. Dabei ständig rühren. Topf auf den Herd in einen zweiten Topf mit kochend heißem Wasser stellen. Köcheln lassen. Zunächst 4 Eigelb verquirlen und in die Masse einrühren. Ist sie noch zu fest, 1–2 weitere Eigelb dazugeben, der Nougat sollte aber zäh sein. (Die Eiweiß werden nicht benutzt, können aber beispielsweise für Meringen verwendet werden: 25 g Puderzucker auf 1 Eiweiß.) In eine Aluform von ca. 20 × 12 cm eine auf die entsprechende Größe zugeschnittene Oblate legen und die heiße Masse hineinstreichen. Dieser Nougat wird nicht gebacken. 1–2 Tage ruhen lassen, dann aus der Folie nehmen, mit Puderzucker bestreuen und in Scheiben aufschneiden.

Omelett mit Saubohnen

Truita de faves

Die Tortilla steht häufig auf dem mallorquinischen Speisezettel, daher wurden von den Hausfrauen immer neue Varianten erfunden, wie hier mit Sau- oder dicken Bohnen. Warm oder kalt serviert, zählt sie zu den ungewöhnlichen Rezepten der Inselküche.

300 g frische Saubohnen, 1 Bund Frühlingszwiebeln, 2 Tomaten, 1 dl Öl, 50 g Sobrassada, 4 Knoblauchzehen, 1 Bund Petersilie, je 1 Zweiglein frischer Majoran und Thymian (ersatzweise getrocknet), 8 Eier, Salz

Die Bohnen und Frühlingszwiebeln in Scheibchen schneiden. Tomaten schälen und kleinwürfeln, 2 EL Öl erhitzen und das Gemüse nacheinander anbraten, die kleingewürfelte Sobrassada und die zerstoßenen Knoblauchzehen und Kräuter dazugeben. Alles weichdünsten.

Die Eier verquirlen, salzen und die Zutaten unterrühren. Den Rest des Öls in einer Eisenpfanne erhitzen und die Eimasse hineingießen. Diese am Rand der Pfanne und an verschiedenen Stellen lockern, sobald sie am Boden fest wird, damit sich das flüssige Ei besser verteilen kann. Hitze rechtzeitig reduzieren. Wenn das Ei auch auf der Oberseite fest wird, Omelett auf einen Pfannendeckel gleiten lassen und umdrehen. Von der anderen Seite backen und nach Bedarf etwas Öl nachgießen. Es ist fertig, wenn die Eier außen fest und leicht gebräunt sind und innen noch eine leicht sämige Konsistenz haben.

Orangenkuchen

Coca amb taronges

In den Tälern von Sóller tragen die Orangenbäume von Dezember bis Januar Früchte. Ihr Ruhm drang schon Ende des 19. Jahrhunderts bis nach Frankreich, Belgien und England. Daß auch die Mallorquiner selbst ihre Erzeugnisse zu schätzen wissen, beweist eine ganze Reihe von Orangenrezepten, wie auch dieser einfach herzustellende „Tassenkuchen“.

4 Eier, 3 Tassen Zucker, 1 1/2 Tassen Öl (Mais- oder Sonnenblumenöl), 1 Tasse Orangensaft, 1 gestrichener TL Zimt, 4 Tassen Mehl, 1 Päckchen Backpulver, Öl und Mehl für die Backform, Orangenmarmelade zum Füllen, Puderzucker zum Bestreuen

Eier trennen und die Eigelb mit dem Zucker glattrühren. Nach und nach das Öl zugießen und so lange rühren, bis die Masse steif ist. Orangensaft, Zimt, Mehl und Backpulver dazugeben und gut verrühren. Zum Schluß den steifen Eischnee unterheben. Teig in die geölte und bemehlte Springform gießen und im Backofen bei 180 °C ca. 50 Minuten backen. Kuchen auf ein Gitter stürzen und erkalten lassen. Quer durchschneiden und mit Orangenmarmelade füllen. Auf den Kuchen ein rundes Papier-Spitzendeckchen legen (oder selbst einen Scherenschnitt herstellen). Puderzucker über Kuchen und Deckchen sieben, Deckchen vorsichtig abnehmen. Auf dem Kuchen bleibt nun ein schönes Muster zurück.

Orangen- und Zitronensorbet

Gelat de taronga i gelat amb llimones

Schon wegen ihrer originellen Aufmachung gehören diese Sorbets zu den beliebtesten Desserts auf den Balearen.

Orangensorbet: *4 große, dickschalige Orangen, 100 g Zucker, 1/4 Liter Wasser, Saft von 1 Zitrone, 1 dl Rum nach Geschmack*

Von den Orangen die Hütchen abschneiden und die Böden egalisieren. Orangen aushöhlen und Fruchtfleisch pürieren. Die leeren Orangen mit den Hütchen eingefrieren. Zucker in einen Topf geben und mit wenig Wasser bedecken. Langsam erhitzen und ca. 20 Minuten rühren, bis ein Sirup entsteht. Restliches Wasser, Orangenmark und Zitronensaft dazugeben, 5 Minuten köcheln lassen. Nach Geschmack Rum dazugeben. In einer flachen Schale erkalten lassen. Eingefrieren. Stündlich umrühren, nach ca. 4 Stunden in die Orangenschalen einfüllen. Hütchen aufsetzen und servieren.

Zitronensorbet: *4 unbehandelte Zitronen, 200 g Zucker, 1/2 Liter Wasser*

Von 2 Zitronen die Schalen spiralförmig dünn ablösen. Alle Zitronen auspressen. Zucker in einem Topf mit wenig Wasser bedecken. Langsam erhitzen und ca. 20 Minuten rühren, bis ein Sirup entsteht. Zitronenschalen und restliches Wasser dazugeben. Aufkochen und bei kleiner Hitze ca. 10 Minuten köcheln lassen. Zitronenschalen entfernen, Zitronensaft dazugeben. Kurz aufkochen. In einer flachen Schale abkühlen lassen. Eingefrieren. Stündlich umrühren. Nach etwa 4 Stunden kann das Sorbet serviert werden.

„Blinde“ Paella

Arròs de cec

Da diese Paella weder Schalen noch Knochen enthält, braucht man zum Essen nicht viel Zeit und macht sich nicht die Finger schmutzig. Man kann sie „blind“ essen.

Für 6 Personen:
4 Hühnerbrüstchen, 2 Scheiben Schweinelende, 1 geputzter Tintenfisch, 1 dl Öl, 8 Hummerkrabben ohne Schale, 12 Miesmuscheln ohne Schale (aus dem Glas), 100 g frische Erbsen, 100 g Stangenbohnen, 1 rote Paprika, 1 Zwiebel, 6 Knoblauchzehen, 1 Tomate, einige Safranfäden, 3 Tassen Rundkornreis, Salz, Pfeffer, 1 Zitrone, 1/2 Bund Petersilie

Fleisch in 4 × 4 cm große Stücke, Tintenfisch in Scheiben schneiden. In einer Paellapfanne mit 3 EL Öl den Tintenfisch und die Hummerkrabben je 5 Minuten braten und abtropfen lassen, ebenso die Muscheln. Das Fleisch in dem Öl gut anbraten und bei kleiner Hitze ausbraten. Abtropfen lassen. Fett abgießen, Bratensatz mit 2 Tassen Wasser aufkochen. Die Erbsen, die gedrittelten Bohnen und die schmalen Paprikastreifen 10 Minuten darin kochen. In einer weiteren Pfanne im restlichen Öl die kleingehackte Zwiebel, den zerstoßenen Knoblauch und die geschälte, kleingewürfelte Tomate anbraten und hinzufügen. Huhn, Tintenfisch, Safran und Reis dazugeben und mit kochendem Wasser aufgießen, bis es etwa 1 cm über den Zutaten steht. Mit Salz und Pfeffer würzen. Aufkochen und bei 175 °C ca. 20 Minuten auf dem Boden des vorgeheizten Ofens sachte köcheln lassen. Paella herausnehmen, mit Garnelen und Muscheln belegen, zugedeckt noch 10 Minuten ziehen lassen. Mit Zitronensaft beträufeln und gehackte Petersilie darüberstreuen.

Mallorquinischer Punsch

Cremadillo

Feuchtkalten Winterabenden begegnen die Inselbewohner mit einer Geheimwaffe, dem *cremadillo,* der – sicher unbeabsichtigt – schon manchen Touristen außer Gefecht gesetzt hat. Zubereitet wird er in der Greixonera. Auf den Bauernhöfen geschieht das auch heute noch über offenem Kaminfeuer, das dann äußerlich wärmt. Damit diese süffige Medizin wohl bekommt, reicht man sie vorsichtshalber in Mokkatassen.

1 Orange, 1 Zitrone, 2 EL Zucker, 2 Mokkatassen spanischer brauner Rum, 2 Mokkatassen spanischer Weinbrand, 1 Tasse schwerer spanischer Rotwein, 1 Tasse Espresso, 1 Stange Zimt, 3 Nelken, ein paar Kaffeebohnen

Orange und Zitrone schälen, Fruchtfleisch würfeln und einzuckern. Wenn der Zucker Flüssigkeit gezogen hat, Früchte mit den restlichen Zutaten in einer feuerfesten Schüssel kurz aufkochen lassen, umrühren, vom Feuer nehmen und flambieren. Heiß servieren. Das Rezept ergibt ca. 6–8 kleine Tassen. Die Kaffeebohnen werden zum Getränk geknabbert.

Reissuppe mit Fisch und Meerestieren

Arròs de peix i marisc

In jedem Hafen Mallorcas gibt es mindestens ein Fischrestaurant, in dem dieser *arròs* auf der Speisekarte steht, und schon mancher Gast behauptete überzeugt, dies sei die beste Fischsuppe seines Lebens gewesen. Hier das Rezept.

Für 6 Personen:
1 kg kleinere Mittelmeerfische, Salz, 1 Brühwürfel, 1 Pfefferschote (Chili), einige Safranfäden, 12 Herz- oder Miesmuscheln, 1 dl Öl, 12 kleine Langustenschwänze, 2 geputzte Tintenfische, 1 große Zwiebel, 6 Knoblauchzehen, 2 Tomaten, 2 Tassen Rundkornreis, 1/2 Bund Petersilie

Die geputzten Fische in 2 1/2 Liter Wasser kalt aufsetzen, Salz, Brühwürfel, Pfefferschote und Safran dazugeben, aufkochen und ca. 10 Minuten ziehen lassen. Herausnehmen, filetieren und beiseite stellen. Die gebürsteten Muscheln 5 Minuten darin kochen, herausnehmen und beiseite stellen. Geschlossene Muscheln wegwerfen. 4 EL Öl erhitzen und die Langustenschwänze und die in schmale Streifen geschnittenen Tintenfische je 5 Minuten anbraten, beiseite stellen. Restliches Öl dazugeben und nacheinander die kleingehackte Zwiebel, 4 zerstoßene Knoblauchzehen und die geschälten, kleingewürfelten Tomaten anbraten, weichdünsten, mit wenig Sud aufgießen und in die Greixonera geben. Heißen Sud durch ein Sieb dazugießen, Tintenfisch und Reis hineingeben und im vorgeheizten Backofen bei 200 °C 20 Minuten köcheln lassen. Herausnehmen, nach Geschmack nachwürzen, Fisch und Meeresfrüchte hineingeben, Petersilie und 2 Knoblauchzehen zerstoßen und darüberstreuen. Zugedeckt 10 Minuten ziehen lassen.

Rinderschmorbraten

Rostit de bou

Die Mallorquiner führen ihr Rindfleisch aus Südspanien ein. Für den Schmorbraten nimmt man am besten junges Ochsenfleisch von frischer roter Farbe, die Fasern von feinen Fettadern durchzogen.

800 g Ochsenfleisch, Salz, Pfeffer, 3 EL Öl, 1 Knoblauchknolle, 1 große Zwiebel, 2 junge Lauchstangen, 3 Tomaten, 1 Lorbeerblatt, 1/4 Liter trockener Weißwein, 4 Kartoffeln, 200 g frische Erbsen.
Für die Sauce: *30 g geschälte Mandeln, 2 Knoblauchzehen, 1/2 Bund Petersilie, 1 Brühwürfel, 1 Messerspitze Muskat, 1/2 TL Oregano, einige Safranfäden, 1 dl Süßwein oder Cream-Sherry*

Fleisch in Portionsstücke schneiden, würzen und in einer großen Eisenpfanne in Öl rundherum anbraten. Herausnehmen und in einer großen Greixonera warmhalten. In dem verbliebenen Fett nacheinander die Knoblauchknolle, die kleingehackte Zwiebel, den in 3 cm lange Stücke geschnittenen Lauch und die geschälten, gewürfelten Tomaten anbraten und kurz schmoren lassen, Lorbeerblatt dazugeben und mit dem Wein aufgießen. Aufkochen und über das Fleisch gießen. Alles im Backofen bei 200 °C 1 Stunde schmoren lassen. Dann die geschälten und geviertelten Kartoffeln dazugeben, eine weitere 1/2 Stunde schmoren, die Erbsen hinzufügen und in 20 Minuten fertig garen.

Für die Sauce: Mandeln, Knoblauch, Petersilie, Brühwürfel und Gewürze zerstoßen und mit Wein oder Sherry in die Sauce einrühren. Noch 10 Minuten im Ofen lassen.

Rotbarben in Lebersauce

Molls amb salsa de fetge

Wer in Mallorca eine Fisch- oder Markthalle besucht, ist von der Vielfalt der Meerestiere überwältigt. Doch das Bild täuscht, denn die Fischgründe der Balearen reichen nicht aus, um die Nachfrage zu decken. Ein großer Teil der Ware kommt aus dem Atlantik, von der galizischen Küste und den Kanarischen Inseln. Rotbarben gibt es auch bei uns in der Tiefkühltruhe. Wenn sie bereits ausgenommen sind, kann die Leber einer anderen Fischsorte – ersatzweise auch Hühnerleber – verwendet werden.

4 Rotbarben mit der Leber (sie soll mindestens 50 g ergeben), Salz, Mehl zum Bestäuben, 4 EL Öl, 1 große Zwiebel, 2 Knoblauchzehen, je 1 Messerspitze getrockneter Majoran, Thymian, Rosmarin, 1/2 TL Edelsüßpaprika, 1 Eigelb, Paprika zum Bestäuben, 1/2 Bund Petersilie

Rotbarben putzen, salzen und in Mehl wälzen, die Lebern beiseite stellen. Die Fische auf beiden Seiten in Öl durchbraten. In einer feuerfesten Greixonera warmhalten. Das restliche Öl durch ein Sieb in eine kleinere Pfanne gießen, die Lebern darin anbraten, die kleingehackte Zwiebel und die Knoblauchzehen zugeben, gut durchschmoren lassen. Kräuter und Paprika einrühren und mit 2 dl Wasser aufgießen. Sauce durch ein Sieb in einen kleinen Topf streichen oder pürieren. Kurz aufkochen, vom Feuer nehmen und mit dem Eigelb legieren. (Die Sauce darf nicht heiß sein, sonst gerinnt es.) Sofort über die Rotbarben gießen. Vor dem Servieren das Gericht großzügig mit Paprika bestäuben und kleingehackte Petersilie darüberstreuen.

Rotweinbowle spezial

Sagnia especial

Gewöhnlich gibt man in eine *sagnia* Früchte wie Äpfel und Birnen, zuckert sie dick ein und gießt einen schweren Rotwein darüber. Das sorgte schon öfter für ein böses Erwachen. Nicht so diese Rotweinbowle, die mit Recht den Zusatz „spezial“ führt. Sie bleibt trotz ihrer Süffigkeit gut verträglich.

2 unbehandelte Zitronen, 2 unbehandelte süße Orangen, 1 dl Cointreau, 1 dl spanischer Weinbrand, Eiswürfel, 1/2 Liter Zitronenlimonade mit Kohlensäure, 1 Liter halbsüßer spanischer Rotwein

Zitronen und Orangen mit der Schale in Scheiben schneiden (gespritzte Früchte vorher heiß abwaschen und trockenreiben) und in ein Glasgefäß schichten. Cointreau und Weinbrand darübergießen und über Nacht zugedeckt im Eisschrank ziehen lassen. Vor dem Servieren Eiswürfel in einen Sangriakrug geben, angesetzte Früchte darauflegen, den Saft der Früchte und die Zitronenlimonade, zuletzt den Rotwein darübergießen. Vorsichtig umrühren und kurz ziehen lassen. Beim Ausgießen darauf achten, daß die Früchte und Eiswürfel nicht mit ins Glas stürzen.

Gedünstetes Sauerfleisch

Rostit humit

Rostit humit ist ein Zwischengericht, das die Spanier *almuerzo* nennen. Es wird am frühen Mittag eingenommen und hat in etwa die gleiche Bedeutung wie das Gulasch in Österreich. In die Sauce kann man ein paar fritierte oder gekochte Kartoffeln legen oder einfach Weißbrot eintunken.

2 EL Schweineschmalz, 600 g Kalbs- oder Schweinefleisch (Brust oder Haxe), 4 kleine Zwiebeln, 4 Knoblauchzehen, 2 Tomaten, Salz, Pfeffer, Saft von 1 Zitrone, 3 EL Essig, 1 Lorbeerblatt, 1/4 Liter Fleischbrühe

Schweineschmalz in einem großen Eisentopf erhitzen, nacheinander das in Würfel geschnittene Fleisch, die geviertelten Zwiebeln, die zerstoßenen Knoblauchzehen und die geschälten und geviertelten Tomaten anbraten. Salz, Pfeffer, Zitronensaft, Essig und Lorbeerblatt dazugeben, mit der Brühe aufgießen. Aufkochen lassen, Hitze reduzieren und ca. 1 Stunde dünsten, bis das Fleisch sehr weich und die Sauce eingedickt ist. Abschmecken und nach Geschmack Essigzugabe erhöhen.

Schnecken mit Sobrassada

Cargols amb sobrassada

Auf Schneckensuche gehen die Mallorquiner, oft mit der ganzen Familie, nach einem lauen Regenguß oder auch am Morgen, wenn der Tau noch auf den Feldern liegt. Für dieses Gericht kann man natürlich auch Schnecken aus der Dose verwenden und sie in Häuschen stecken.

4 Dutzend kleine Hausschnecken (oder eine andere Sorte), Salz, 100 g Sobrassada, 1 große Zwiebel, 6 Knoblauchzehen, 2 Tomaten, 3 EL Öl, 4 Kartoffeln.
Für den Sud: *frische Kräuter (Majoran, Thymian, Minze, Fenchelkraut, Petersilie; ersatzweise getrocknet), 1 große Speckschwarte, 1 Brühwürfel, 1 Pfefferschote (Chili), 1 Lorbeerblatt.*
Knoblauchmayonnaise (siehe Seite 128) und Bauernbrot (siehe Seite 70).

Schnecken mit Salz gründlich waschen, Wasser mehrmals wechseln. In einem großen Topf 1 1/2 Liter Wasser aufsetzen, etwas salzen und die restlichen Zutaten für den Sud dazugeben. Schnecken in kochendes Wasser geben und bei kleiner Hitze 1 Stunde köcheln lassen. (Schnecken aus der Dose nur kurz aufkochen.) Die kleingewürfelte Sobrassada, die feingehackte Zwiebel, die zerstoßenen Knoblauchzehen und die geschälten, kleingewürfelten Tomaten nacheinander in Öl gut anbraten und in den Sud geben. Kartoffeln schälen, kleinwürfeln und hinzufügen. Alles 20 Minuten köcheln lassen. Speckschwarte und Kräuter entfernen. In Schälchen aus Ton servieren. Die Schnecken ißt man mit Knoblauchmayonnaise, die Brühe nimmt man mit Bauernbrot auf.

Heiße Schokolade

Xocolata calenta

Als Erzherzog Salvator Mallorca zu seinem Domizil wählte, führte er dort das österreichische Lieblingsgetränk, den Kakao, ein. Seither wird *xocolata calenta* von jung und alt zu allen Tages- und Jahreszeiten getrunken. Es gibt sogar eigene *xocolaterias,* die dieses Getränk nach südländischem Geschmack besonders süß und dickflüssig brauen. Dazu werden *ensaïmades,* frische Hefeschnecken, gegessen.

100 g bittere Tafel- oder Blockschokolade, ca. 3 EL Zucker (nach Geschmack), 1 Liter Milch, 1/2 TL Speisestärke

Schokolade in einen Topf geben und im heißen Wasserbad auflösen. Den Topf auf den Herd stellen, unter ständigem Rühren Zucker und etwas Milch dazugeben. Die restliche Milch nach und nach zugießen. Kurz aufkochen lassen und die in etwas Wasser aufgelöste Speisestärke einrühren. Nochmals aufkochen und heiß servieren.

Schweinelende, mit Feigen gefüllt

Llom de porc farcit amb figues

Schon von den Römern wurde das mallorquinische Schwein mit Feigen gefüllt, die auf der Insel in Hülle und Fülle wachsen. Ein altes, noch gültiges Gesetz besagt, daß der Wanderer sich von den reifen Früchten nehmen darf, soviel sein Magen aufnimmt.

Einige Zweiglein Wildkräuter (Thymian, Rosmarin, Lorbeer), 600 g Schweinelende am Stück, 2 EL Schweineschmalz.
Füllung: *50 g Sobrassada, 50 g fetter Speck, 150 g getrocknete Feigen, 2 Knoblauchzehen, 100 g Schweinehack, 1 Eiweiß, je 1 Messerspitze Zimt, Muskat und Nelkenpulver, 50 g Pinienkerne, Salz, Pfeffer.*
Sauce: *1 Brühwürfel, 1/4 Liter trockener Weißwein, 1 EL gemahlene Mandeln, 4 cl spanischer Weinbrand*

Eine große Greixonera mit den Kräutern auslegen. Schweinelende der Länge nach in Spiralenform aufschneiden, so daß es eine dünne Scheibe ergibt, würzen.
Füllung: Sobrassada und Speck kleinwürfeln, Feigen und geschälte Knoblauchzehen kleinhacken, alles mit dem Schweinehack und den restlichen Zutaten vermischen, mit Salz und Pfeffer würzen. Auf die Schweinelende streichen, einrollen und mit Zwirn zubinden. Fleisch auf die Kräuter legen, mit etwas Schmalz bestreichen und im Ofen bei 200 °C ca. 1 Stunde braten. Mit Schmalz öfters bestreichen. Wenn das Fleisch zu bräunen beginnt, **für die Sauce** Brühwürfel in 1/8 Liter Wein auflösen und über das Fleisch gießen. Restlichen Wein zugeben, dabei darauf achten, daß die Sauce nicht zu dünn wird. 10 Minuten vor Ende der Garzeit Kräuter herausnehmen und Mandeln einrühren. Vor dem Servieren Weinbrand über das Fleisch gießen.

Schweinelende mit Wirsing

Llom amb col

Schweine sind seit Urzeiten bei den Mallorquinern beliebt. Vielleicht liegt der Grund in der Schweinehaltung unter freiem Himmel, das kommt dem Geschmack des Fleisches zugute. Für dieses Gericht wird eine Schweinelende am Stück verwendet, die bei uns auch unter Schweinekarree, -rücken oder Karbonade bekannt ist.

1 kg Wirsing, Salz, Pfeffer, 800 g Schweinelende am Stück, 2 EL Schweineschmalz, 1/4 Liter trockener Weißwein, 100 g durchwachsener Speck, 1 große Zwiebel, 4 Knoblauchzehen, 2 Tomaten, je 1 Zweig Thymian und Majoran.
***Sauce:** 30 g geschälte und gehackte Mandeln, 1 EL Öl, 30 g Pinienkerne, 30 g Rosinen, 30 g schwarze, entkernte Oliven*

Wirsingkopf vierteln, Blätter blanchieren und abtropfen lassen. Die gewürzte Schweinelende in 1 EL Schmalz rundherum anbraten und 20 Minuten schmoren lassen. In Scheiben schneiden und in eine große Greixonera legen. Fett abgießen. Bratensatz mit 1 Tasse Wein aufgießen und dazugeben. Wirsingblätter über das Fleisch legen und warmhalten. Restliches Schmalz erhitzen und nacheinander den kleingewürfelten Speck, die feingehackte Zwiebel, die ganzen Knoblauchzehen und die geschälten, kleingewürfelten Tomaten anbraten. Restlichen Wein dazugeben und alles über den Wirsing gießen. Gewürzzweige hineinlegen. Im vorgeheizten Backofen bei 200 °C 40 Minuten schmoren.
Sauce: Mandeln in 1 EL Öl rösten, klein zerstoßen und in die Sauce einrühren. Pinienkerne und Rosinen rösten, Oliven halbieren, kurz mitbraten und alles auf den Wirsing geben. Noch 10 Minuten im Ofen schmoren.

Kalte Schweinelende mit Zuckerkruste

Carn freda amb llom

Die Schweinelende mit Zuckerkruste ist in Gelee gebettet. Wird einer herzhaften Bouillon der Vorzug gegeben, läßt man die Schweineschnauze, die für das Gelieren der Brühe sorgt, einfach weg.

Für 6 Personen:
1 kg Schweinelende am Stück, 1 Schweineschnauze (nach Bedarf), 1/2 Liter trockener Weißwein, 1/4 Liter Wasser, 1 große Zwiebel, 5 Knoblauchzehen, Salz, weißer Pfeffer.
Für die Kruste: *6 EL Zucker, 6 EL Wasser*

Fleisch und Schweineschnauze in Wein und Wasser zum Kochen bringen, die in Scheiben geschnittene Zwiebel und die ganzen, geschälten Knoblauchzehen dazugeben, vorsichtig mit Salz und Pfeffer würzen. Gut 1 Stunde langsam kochen. Ist das Fleisch weich, in eine rechteckige oder ovale Form geben, Schnauze entfernen. So viel Sud durch ein Sieb in die Form gießen, daß der Rücken der Schweinelende noch herausragt. Abkühlen lassen und in den Kühlschrank stellen.
Für die Kruste: Zucker und Wasser in einer kleinen Pfanne erhitzen und so lange rühren, bis ein Teil des Wassers wieder verdampft ist und der Zucker karamelisiert. Wird der Karamel zu braun, schmeckt er bitter. Den Karamel gleichmäßig über den Lendenrücken gießen. Er erstarrt sofort zu einer festen Kruste, wenn er mit dem kalten Fleisch in Berührung kommt.

Seeteufel in Mandelsauce

Rap amb salsa d'ametlla

Der Seeteufel zählt zu den wohlschmeckendsten Fischen des Mittelmeeres. Sein feiner Geschmack kommt durch die sahnige Mandelsauce besonders gut zur Geltung. Da der Fisch recht selten und daher teuer ist, gilt er auch auf Mallorca als Delikatesse, die man zu besonderen Gelegenheiten zubereitet.

400 g Kartoffeln, Salz, 800 g Seeteufel, 1 Zitrone, weißer Pfeffer, 2 Eier, Mehl zum Bestäuben, 4 EL Öl, 1/4 Liter trockener Weißwein, 100 g geschälte und gehackte Mandeln, 1/4 Liter Sahne

Kartoffeln vierteln und in Salzwasser weichkochen. Seeteufel in Scheiben schneiden, mit Zitronensaft einreiben, mit Salz und Pfeffer würzen. In den verquirlten Eiern und im Mehl wälzen, 3 EL Öl in einer Pfanne erhitzen und den Fisch auf beiden Seiten gut anbraten. Mit Wein aufgießen, kurz aufkochen und auf kleiner Flamme etwa 10 Minuten ziehen lassen. 1 EL Öl in einer zweiten Pfanne erhitzen, Mandeln darin rösten und im Mörser grob zerstoßen. Fisch auf eine Servierplatte geben, Mandeln und Sahne in die Sauce einrühren und nochmals kurz aufkochen lassen. Über den Fisch gießen und die Kartoffeln dekorativ um den Fisch legen.

Gebratenes Spanferkel

Porcella en es forn

Um die Zartheit und Qualität seines Spanferkelbratens unter Beweis zu stellen, zerlegt ein Wirt im Künstlerdorf Orient den Braten mit dem stumpfen Rand eines Tellers, den er anschließend zu Boden schleudert. Eine Show, bei der diesem einmaligen Inselgericht der gebührende Beifall zukommt.

Für 8 Personen:
2 kg Spanferkelteile mit der Schwarte, Salz, Pfeffer, 3 EL Schweineschmalz, 1 kg Süßkartoffeln (Bataten oder eine süße Kartoffelsorte wie Desirée).
Für die Marinade: *4 Knoblauchzehen, 1 Zitrone, 4 EL Honig, 1 TL Zucker, 1 dl spanischer Weinbrand.*
Pinienzweige (oder Tannenzweige) für das Backblech

Schwarten des Spanferkels einschneiden, die Teile rundherum mit Salz und Pfeffer würzen. Schmalz in einer großen Eisenpfanne erhitzen und alles gut anbraten.

Für die Marinade: Knoblauchzehen zerstoßen, Saft der Zitrone und 2 EL Honig darunterrühren.

Backblech mit Pinienzweigen auslegen und Spanferkelteile daraufgeben. Kartoffeln schälen, vierteln, in dem Schmalz anbraten und dazulegen. Backblech in den vorgeheizten Backofen schieben und bei 200 °C ca. 60–75 Minuten braten.

Fleisch während des Bratens öfters mit der Marinade bestreichen. Kartoffeln mit dem restlichen Honig bestreichen und Zucker darüberstreuen. Am Schluß das Fleisch mit dem Weinbrand übergießen und ca. 10 Minuten grillen, bis alles knusprig braun ist.

Geschmorte Tauben mit Pilzen

Colomins amb esclatasangs

Zum würzigen Fleisch der Wildtauben paßt vorzüglich der kräftige Geschmack der orange-grünfarbenen Pilze, die in Mallorca zwischen Oktober und Dezember gesammelt werden. Diese Reizkerart macht sich jedoch sehr rar. Sie sprießt nur bei Regen, meist unter Pinien versteckt. Anstelle der bei uns schwer erhältlichen Zutaten können Zuchttauben und andere Waldpilze, eventuell auch Austernpilze, verwendet werden.

4 Tauben, Salz, 1 EL Schweineschmalz, 50 g durchwachsener Speck, 8 kleine Zwiebeln, 2 junge Karotten, 4 Knoblauchzehen, 1/4 Liter trockener Weißwein, 6 Pfefferkörner, 2 Messerspitzen Zimt, 2 Nelken, 1 Brühwürfel, 500 g Reizker (oder andere Waldpilze)

Tauben in Portionsstücke teilen und salzen. Schmalz erhitzen und die bratfertigen Tauben rundherum goldbraun anbraten. In eine große Greixonera legen. Den in dünne Scheiben geschnittenen Speck anbraten und darauflegen. In dem verbliebenen Fett nacheinander die Zwiebeln (größere Zwiebeln halbieren oder vierteln), die kleingewürfelten Karotten und den zerstoßenen Knoblauch gut anbraten. Mit Wein löschen, Gewürze und Brühwürfel dazugeben und aufkochen. In die Greixonera geben und die Tauben im vorgeheizten Backofen bei 200 °C ca. 30 Minuten schmoren, falls nötig, etwas Wasser aufgießen. Die geputzten Pilze dazulegen und das Ganze weitere ca. 20 Minuten schmoren, bis die Sauce sämig ist.

Teigtaschen, mit Mangold gefüllt

Cocarrois amb bledas

Übersetzt heißt *cocarrois* Mehlkuchen. Doch hinter diesem bescheidenen Namen verbergen sich köstliche, pikant-süße Teigtaschen, gefüllt mit herbem Mangold und saftigen Muskattrauben, die sich aber auch durch Rosinen ersetzen lassen. Das Rezept ergibt ungefähr 12 Stück.

***Füllung:** 2 kg Mangold, Salz, 2 Bund Frühlingszwiebeln, Pfeffer, 2 dl Öl, 200 g getrocknete Muskattrauben.*
***Teig:** 1 kg Mehl, 150 g Puderzucker, 1 dl Orangensaft, 2 Eigelb, 200 g Schweineschmalz, 1 dl Wasser*

Füllung: Mangold in Streifen schneiden, einsalzen, kurz ziehen lassen und alles Wasser herauspressen. In eine Schüssel geben, die kleingeschnittenen Frühlingszwiebeln hinzufügen, mit Pfeffer würzen, Öl darübergießen und mischen. **Teig:** In zwei Drittel des Mehles eine Mulde machen, das mit Puderzucker und Orangensaft verrührte Eigelb hineingeben und flüssiges Schmalz lauwarm dazugießen. Gut durchkneten und nach und nach Wasser und restliches Mehl (mehr oder weniger) einarbeiten, bis der Teig gut formbar ist. Dabei die Finger in Öl tauchen, damit der Teig nicht festklebt. Eine Kugel formen, 10 Minuten ruhen lassen. Jeweils ca. 100 g des Teiges 3 mm dick ausrollen, dünne Stellen vermeiden. In die Mitte 2 EL Gemüse und ca. 5 Rosinen geben, Ränder von zwei Seiten hochklappen und gut zusammendrücken, so daß ein Kamm entsteht. Über den Zeigefinger einrollen und Verzierung herstellen. Im vorgewärmten Backofen bei 150 °C ca. 1 Stunde backen. Nach 30 Minuten mit der Gabel Löcher einstechen.

Gefüllte Teigtaschen und Plätzchen

Robiols i crespells

Die zarten gepuderten Teigtaschen in Halbmondform findet man auf jeder Baleareninsel. Auf Mallorca sind sie meist mit Quark oder Marmelade gefüllt. Ein Nebenprodukt der *robiols* sind die *crespells,* ursprünglich ein Ostergebäck jüdischer Herkunft.

1 kg Mehl, 125 g Puderzucker, 1 Päckchen Vanillezucker, 1 dl Orangensaft, 3 Eigelb, 300 g Schweineschmalz, 1 dl Wasser, 1 dl Öl.
Quarkfüllung: *250 g trockener Schichtkäse, 2 Eigelb, 1 Messerspitze Zimt, 1 unbehandelte Zitrone, ca. 150 g Zucker.*
Marmeladenfüllung: *Kürbismarmelade (siehe Seite 134).*
Puderzucker zum Bestreuen

Robiols: Zwei Drittel des Mehles in eine Schüssel geben, ein Mulde machen und die mit Puder-, Vanillezucker und Orangensaft verrührten Eigelb hinzufügen. Flüssiges Schmalz lauwarm darübergießen. Gut durchkneten und restliches Mehl und Wasser nach und nach einarbeiten, bis der Teig weich, aber noch formbar ist. Dabei die Finger in Öl tauchen, damit der Teig nicht festklebt. Jeweils ca. 80 g des Teiges 3 mm dick rund ausrollen, in die Mitte 2 EL der Füllung geben, zusammenklappen, an den Rändern mit einer Gabel fest zusammendrücken. Im vorgeheizten Backofen bei 125 °C ca. 1 Stunde backen.
Füllung: Quark, Eigelb, Zimt, abgeriebene Zitronenschale und Zucker (nach Geschmack) vermischen oder mit **Kürbismarmelade** füllen.
Crespells: Aus dem Rest des Teiges Plätzchen stechen und bei gleicher Hitze ca. 1/2 Stunde backen. Das Gebäck nach dem Erkalten mit Puderzucker bestreuen, kühl und luftig aufbewahren.

Thunfisch in Fenchelsauce

Bonitos

Zum Würzen verwenden die Mallorquinerinnen mit Vorliebe Fenchel. Er wächst wild auf Feldern und an Wegen und ist gleich dreifach nutzbar: Das Grün der jungen Knollen gehört zum *frit,* die hohen, Rispen tragenden Stengel geben eingelegten Oliven ihr Aroma, der Fenchelsamen findet in der Likörherstellung Verwendung. Fenchelkraut und Fenchelsamen ergänzen bei diesem Gericht bestens den markanten Geschmack des Thunfisches.

4 kleine blaue Thunfische oder 8 Thunfischscheiben (insgesamt 800 g), 3 EL Öl, 1 große Zwiebel, 4 Knoblauchzehen, 2 Tomaten, 1/2 TL Edelsüßpaprika.
Für die Marinade: *1 EL Fenchelsamen, 1 Zitrone, Salz, Pfeffer, 1 EL Öl, einige Zweiglein Fenchelkraut*

In einer großen Eisenpfanne den Fisch in Öl auf beiden Seiten durchbraten (ganze Fische leicht schräg einschneiden).
Für die Marinade: Fenchelsamen sehr fein zerstoßen, Zitronensaft, Salz, Pfeffer und 1 EL Öl dazugeben und verrühren. Fenchelkraut in die Marinade tauchen und den Fisch während des Bratens mehrmals damit bepinseln. In einer großen Greixonera warmhalten. Im restlichen Öl nacheinander die kleingehackte Zwiebel, die zerstoßenen Knoblauchzehen sowie die geschälten, kleingewürfelten Tomaten anbraten und schmoren lassen. Paprika, kleingehacktes Fenchelkraut und restliche Marinade dazugeben, 1 Tasse Wasser zugießen. Sauce über den Fisch gießen und alles im Backofen bei 220 °C noch 10 Minuten überbacken.

Gefüllte Tintenfische

Calamars farcits

Je kleiner die Tintenfische sind, um so delikater schmecken sie. Die kleinen, zarten Exemplare blieben früher der Herrschaft vorbehalten. Heute sind wir schon glücklich, wenn das Meer uns überhaupt noch Schätze freigibt.

8 Tintenfische mit Fangarmen, 3 EL Öl, 1 Zwiebel, 1/4 Liter kräftiger Rotwein, 1 Brühwürfel, 30 g Rosinen.
Für die Füllung: *1 Bund Petersilie, 4 Knoblauchzehen, 1 altbackenes Brötchen, 100 g mageres Kalbshack, 1 Ei, 1/4 TL Oregano, Salz, Pfeffer, 50 g Pinienkerne.*
Geröstetes Knoblauchbrot (siehe Seite 70)

Tintenfische säubern, Rückgrat entfernen. Fangarme abschneiden und kleinhacken.
Für die Füllung: Petersilie und Knoblauch kleinhacken. Brötchen einweichen. Fangarme mit dem Hackfleisch, dem ausgedrückten Brötchen, dem Ei, der Hälfte der Petersilie und des Knoblauchs sowie den Gewürzen und Pinienkernen vermischen. Calamares damit füllen.
In einer großen Eisenpfanne die Tintenfische in Öl gut anbraten. In eine Greixonera legen. In dem verbliebenen Öl die sehr feingehackte Zwiebel und die restlichen Knoblauchzehen anbraten und weichdünsten, mit Wein aufgießen. Brühwürfel in wenig Wasser auflösen und mit den Rosinen und der restlichen Petersilie dazugeben, kurz aufkochen. Über die Tintenfische gießen und im vorgeheizten Backofen bei 250 °C ca. 30 Minuten schmoren. An dem Rand der Greixonera die gerösteten Knoblauchbrote in die Sauce stellen.

DE RISCAL

„Beschwipste" Wachteln

Guàtleres emborratxades

Die Destillerien auf der Insel erzeugen einen kräftigen Weinbrand von dunkelbrauner Farbe, der den Wachteln in diesem Rezept „Schwips" und Würze verleiht. Da er bei uns jedoch nicht im Angebot ist, wird statt dessen ein spanischer Weinbrand empfohlen.

4 Eier, 8 Wachteln, Salz, Pfeffer, 200 g mageres Schweinefleisch, 50 g fetter Speck, einige Zweiglein frische Minze, 2 EL Schweineschmalz, 1 Zwiebel, 1/4 Liter trockener Weißwein, je 150 g Karotten, grüne Bohnen und Erbsen, Fett zum Fritieren, 4 Kartoffeln, 1 dl Milch, 4 cl spanischer Weinbrand

Eier hartkochen. Wachteln säubern, innen und außen würzen. Schweinefleisch in 8 Stücke schneiden, Speck kleinwürfeln und Wachteln damit füllen, jeweils etwas kleingehackte Minze dazugeben. Die Wachteln in Schmalz anbraten. In eine große Greixonera geben. Die kleingehackte Zwiebel im restlichen Fett anbraten, mit Wein löschen und über die Wachteln gießen. Im vorgeheizten Backofen bei 200 °C 30 Minuten schmoren. Karotten kleinwürfeln, Bohnen in 3 cm lange Stücke schneiden und mit den Erbsen in wenig Salzwasser weichkochen, so daß das Gemüse noch Biß hat. Fett erhitzen und die in breite Stifte geschnittenen Kartoffeln hellgelb fritieren, abtropfen lassen. Die gekochten Eigelb mit der Milch verrühren und die Sauce damit binden. Gemüse und Kartoffeln zu den Wachteln geben und noch 10 Minuten in der Sauce köcheln lassen. Kurz vor dem Servieren Weinbrand über die Wachteln gießen.

CARLOS I
Solera Especial
Pedro Domecq
40% VOL
SPAIN

Weihnachtssuppe

Sopa de Nadal

Diese edle Suppe steht zu Beginn eines großen festlichen Menüs, bei dem der Truthahn die Hauptrolle spielt. Alle Teile des Geflügels, die für den Braten nicht verwendet werden, gibt man mit einem Markknochen, einem Stück Ochsenschwanz und Gemüse in den Suppentopf.

Für 8–10 Personen:
1 EL Schweineschmalz, Truthahnteile wie Hals, Kopf und Magen, 1 Markknochen, 1 Stück Ochsenschwanz, 1 Zwiebel, 2 Karotten, 1 Stück Sellerie, 2 Tomaten, Salz, weißer Pfeffer, einige Safranfäden, 8 Eier, 1 dl trockener Sherry

Schmalz in einem großen Eisentopf erhitzen und darin die Fleischteile, Innereien und Knochen, die geviertelte Zwiebel, die grobgeschnittenen Karotten, die Sellerie sowie die geviertelten Tomaten anbraten. Mit Salz und Pfeffer würzen, Safran dazugeben und 2 1/2 Liter Wasser zugießen. Aufkochen und 1/2 Stunde kochen lassen. Gemüse durch ein Sieb in einen anderen Topf durchpassieren, Knochen dabei entfernen. 6 Eier verquirlen, 1/2 Liter von der lauwarmen Brühe einrühren. Alles in eine feuerfeste Form geben und in ein Bad mit kochendem Wasser setzen. Im Backofen bei 180 °C 45–60 Minuten stocken. Abkühlen lassen und in den Kühlschrank stellen. Den festen Eistich in kleine Würfel schneiden. Restliche Brühe erwärmen, kurz aufkochen und vom Feuer nehmen. 2 Eigelb einrühren, Sherry dazugeben und nicht mehr kochen lassen. Eistich in eine Suppenschüssel geben, Brühe darübergießen und sofort servieren.

Weihnachtstruthahn

Indiot de Nadal

Zur Weihnachtszeit steht in traditionsbewußten Häusern ein Truthahn auf dem Speiseplan. Nicht geringe Bedeutung kommt dabei der Marzipanfüllung zu, die nach altem Rezept zubereitet wird.

Für 8–10 Personen:
1 Truthahn von ca. 4 kg, 3 EL Schweineschmalz, Salz, Pfeffer, 1/2 Liter trockener Weißwein, 1 große Zwiebel, 4 Knoblauchzehen, 1 Bund Petersilie, 1 Brühwürfel, einige Safranfäden, 1/2 TL Zimt, 1 Messerspitze Muskat, 2 Nelken, 1 Lorbeerblatt, 1 kg Kartoffeln, Fett zum Fritieren.
Für die Füllung: *250 g Mandeln, 150 g Puderzucker, 1 Eiweiß, 200 g Schinkenspeck, 100 g Dörraprikosen, 100 g Dörräpfel, 1 unbehandelte Zitrone*

Zuerst die Füllung zubereiten: Mandeln, Puderzucker und Eiweiß zu Marzipan gut verkneten. Schinken und Dörrobst kleinwürfeln, Zitronenschale abreiben und mit dem Marzipan vermengen.

Bratfertigen Truthahn damit füllen, zunähen, mit Schmalz einreiben, mit Salz und Pfeffer würzen, Wein in eine große Greixonera gießen und den Truthahn darin bei 200 °C ca. 4 Stunden braten. Truthahn zwischendurch mit Schmalz bestreichen und Fett abschöpfen. Ca. 1 Stunde vor Ende der Garzeit kleingehackte Zwiebel, Knoblauchzehen und Petersilie, den in wenig Wasser aufgelösten Brühwürfel und Safran mit den Gewürzen dazugeben. Kartoffeln in breite Stifte schneiden, hellgelb fritieren, 10 Minuten vor dem Servieren in die Sauce geben und noch etwas mitschmoren lassen.

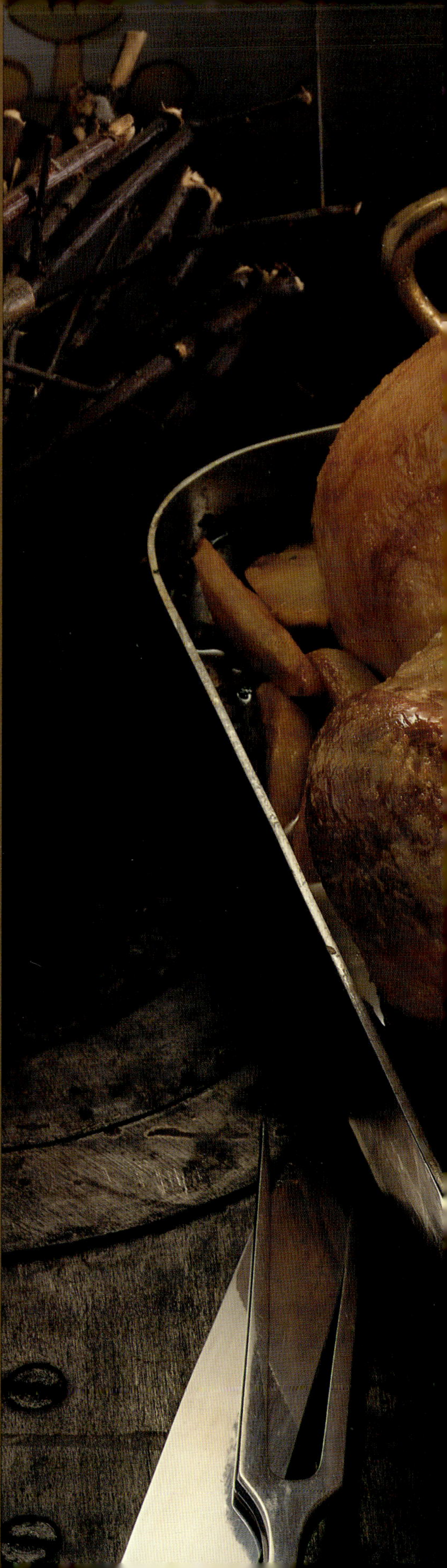

Die Rezepte nach Gruppen

Soweit in den Rezepten nicht anders angegeben, sind die Zutaten für vier Personen berechnet.

Vorspeisen, Zwischengerichte und Beilagen

Suppen und Eintopfgerichte

Fisch und Meeresfrüchte

Fleischgerichte

Wild und Geflügel

Gemüsegerichte

Eiergerichte

Die Rezepte alphabetisch

Die spanischen Bezeichnungen der Rezepte

Für die Unterstützung unserer Arbeit danken wir:
Isabel Sánchez Gil, der Direktorin des Spanischen Fremdenverkehrsamtes in München,
und *Anita Meier* vom Mallorca-Balearen-Informationsbüro in Frankfurt,
die uns viele Türen auf Mallorca öffneten;
außerdem Direktor *Antonio Pomar* vom Fomento del Turismo de Mallorca wie auch
Isabel, Claus und *Erika Gorihsen,* Palma de Mallorca, für Hintergrundinformationen und Tips.
Unser besonderer Dank gilt
den Mitgliedern der mallorquinischen Familien *Blanes* und *de Bonilla* sowie *Valdés Pons,*
die bei der Suche nach typischen Rezepten sowie beim Nachkochen der Gerichte
Hilfestellung leisteten.

Erika Casparek-Türkkan und Margarete Bauer-Hild

Bildquellen

Anthony: 5 (Photographers Library), 13 o. (Ch. Bowmann), 26 u. (Leather), 36 (beide Prenzel), 38/39 (T. Beck), 56/57 (Buth)
Archiv Gerstenberg: 45 l.
Bavaria: 2 (Merten), 6 (Peter Irish), 8/9 (Füllenbach), 11 (Peter Irish), 18/19 (Peter Irish), 26 o. (Peter Irish), 33 (Peter Irish), 52 (HL), 61 (Siegfried Bohnacker)
Bilderberg: 15 (Klaus Bossemeyer), 20 (Klaus Bossemeyer), 31 (Klaus Bossemeyer), 40 (Klaus Bossemeyer), 50 (Renate v. Forster), 53 (Renate v. Forster)
Focus/Silvester Rapho: 26/27, 28, 37, 55 (beide)
IFA-Bilderteam: 12 (Welsh), 13 u. (Frisch), 22 (Lederer), 22/23 (Tschanz), 25 r. (Lederer), 35 (Bohnacker), 42/43 (Welsh), 46 l. o. und r. u. (Lederer), 46 r. o. (Maier), 47 (Digul), 49 (Lederer), 56 (Friedrich)
Sirius Bildarchiv/Hans Joachim Döbbelin: 16, 62–201
ZEFA: 25 l. (G. C. Lewis), 46 l. u. (Vetter), 48 (Hackenberg)